DER GEIST EUROPAS

José Manuel Barroso

Der europäische Geist hat viele Facetten. Zahlreiche Autoren haben sich mit der Geschichte unseres Kontinents, symbolträchtigen Orten und dem Wandel von Ideen und Überzeugungen auseinandergesetzt. Die Versuchung ist groß, zum Auftakt all das zu nennen, was das gemeinsame Fundament der Europäer ausmacht und inzwischen zu ihrem Alltag gehört, auch wenn sie sich dessen nicht immer bewusst sind.
Die Versuchung ist groß, doch würden weder Zeit noch Platz ausreichen. Dieses Vorwort will daher nur eines: dazu anregen, ausgehend von einem Grundgedanken über die Zukunft nachzusinnen.
Müsste man sich auf eine Facette dieses europäischen Geistes beschränken, die für seine Ursprünge und – wie ich hoffe – für seine Zukunft steht, so wäre dies die Achtung des Andersseins, die Anerkennung des Anderen.
Die Anerkennung des Anderen leugnet weder Unterschiede noch Vielfalt, im Gegenteil: Sie gesteht deren Berechtigung ausdrücklich ein.
Daraus entspringt unser Bekenntnis zur Demokratie, zur friedlichen Beilegung von Meinungsversc heiten, die ohne die Achtung der Rechte von Minderheiten nicht denkbar wäre. Was unsere Demok ausmacht, ist nicht nur die freie Wahl unserer politischen Führung, sondern auch – vielleicht sogar vor al – die Garantie der Freiheiten jener, die nicht zur Mehrheit zählen.

Die Achtung dieses Grundsatzes führt mitunter zu Spannungen, die jedoch nur allzu menschlich sind. Auch sind die Spannungen innerhalb Europas, die letztlich auf unseren Willen zur Anerkennung des Anderen zurückzuführen sind, nichts im Vergleich zu den Dramen in anderen Regionen der Welt, in denen sich ein solcher Geist nicht durchzusetzen vermocht hat.
Es verwundert nicht, dass der europäische Geist eine starke Außenwirkung entfaltet und auch unsere Beziehungen zur übrigen Welt prägt. Europa will niemandem etwas aufzwingen. Europa will einen Anreiz sein, seinem Beispiel zu folgen. Unsere Geschichte hat uns schmerzhaft gelehrt, dass die Negierung des Anderen in die Katastrophe mündet und es um Vieles besser ist, die Vielfalt anzuerkennen. Doch muss Anerkennung auf Gegenseitigkeit beruhen. Wird diese Gegenseitigkeit verwehrt oder als unnötig betrachtet, sucht Europa seine Ideale mit den ihm zur Verfügung stehenden Mitteln zu verteidigen.
Die Mitglieder des Konvents über die Zukunft Europas und nach ihnen alle Regierungen der fünfundzwanzig Mitgliedsstaaten der Europäischen Union hatten die Worte „Einheit in Vielfalt" als Motto für Europa vorgeschlagen und damit sein Wesen und seinen Geist genau getroffen.
Dem europäischen Einigungsvermerk geht es nicht um Gleichschaltung, nicht um die Leugnung von Unterschieden und Identitäten. Es geht im Gegenteil darum, sie anzuerkennen und zu achten.
Als Konstantin der Große den Christen im Jahre 313 die Religionsfreiheit gewährte, ohne zunächst selbst zum Christentum überzutreten, hat er genau dies anerkannt.
In einer turbulenten Welt, in der Spannungen vor allem dadurch entstehen, dass Anderssein nicht akzeptiert wird, ist der europäische Geist gefragter denn je.

KONSTANTIN DER GROSSE: LEBEN UND WERK

Prof. Dr. Heinz Heinen

Leben und Werk Konstantins bilden den Ausgangspunkt und die Grundlage für die in dieser Publikation vereinten Beiträge. Konstantin trat nicht sogleich als Christ in die Geschichte ein. Sein Aufstieg und seine Wende vollzogen sich in einer ganz bestimmten Konstellation, die nur verständlich ist, wenn zunächst der historische Rahmen vor Augen gestellt wird. Damit beginnt der vorliegende Beitrag, um anschließend das Leben Konstantins und die großen Themen seiner langen Regierungszeit (306–337) nachzuzeichnen. Die geschichtliche Wirkung dieses Kaisers durch die Jahrhunderte hindurch und über Europa hinaus beruht auf seiner Hinwendung zum Christentum. Daraus ergibt sich dann auch ein Schwerpunkt dieses Beitrages. Dass an einigen Stellen die Rolle Triers hervorgehoben wird, hat mit dem Anlass dieser Veröffentlichung, der Trierer Konstantin-Ausstellung, zu tun und findet seine historische Berechtigung in der Stellung Triers als Residenz Konstantins in der Anfangsphase seiner Regierung.

DAS RÖMISCHE REICH AN DER SCHWELLE DER KONSTANTINISCHEN ZEIT

Wenngleich dieses Themenheft auf Europa ausgerichtet ist, so muss man sich doch klarmachen, dass das Römische Reich Konstantins sich über mehrere Kontinente erstreckte (siehe die Karte). Es reichte, auf die heutige Karte übertragen, von Großbritannien im Nordwesten bis an die Grenze des Sudans und von Marokko bis zum Irak. Es umfasste also große Teile Europas, das ganze Nordafrika nördlich der Sahara und den gesamten Nahen Osten. Doch der Einfluss dieser antiken Supermacht erstreckte sich über ihre territorialen Grenzen hinaus in den Raum Mittel- und Osteuropas wie auch in den Mittleren Osten hinein. Zwar waren die Germanen an Rhein und Donau eine ernste Gefahr und das Großreich der persischen Sasaniden ein gewichtiger, gelegentlich gefährlicher Gegner. Aber keiner dieser Nachbarn war damals in der Lage, die Existenz des Imperium Romanum wirklich zu bedrohen. Dramatisch war die Situation immer nur dann, wenn die mal latenten, mal offenen Aggressionen solcher Nachbarn sich mit ernsthaften Konflikten im Innern des Römerreiches verknüpften. Derartige Konflikte hatten sich im zweiten Drittel des 3. Jahrhunderts gehäuft. Mörderische Kämpfe zwischen den Anwärtern auf den Kaiserthron und der vorübergehende Abfall ganzer Provinzen gingen einher mit den Einfällen fremder Völker bis tief hinein in die Kernregionen des Reiches. Bürgerkriege und Germaneneinfälle suchten besonders die nordwestlichen Provinzen des Imperiums, in erster Linie das Rheinland, heim.

Im Hinterland dieser Grenzzone, im römischen Gallien, hatte auch das Gebiet der Trierer (civitas Treverorum) in den siebziger Jahren des 3. Jahrhunderts erheblich unter den Invasionen der Germanen und den reichsinternen Machtkonflikten zu leiden. Trier selbst war in diesen Jahren durch gallische Usurpatoren zur Residenz gewählt worden. In gewissem, aber nicht immer sicherem Abstand von der bedrohten Rheingrenze gelegen, profitierte die Stadt an der Mosel von ihrer günstigen Verkehrslage an den Flussverbindungen, die vom Mittelmeer und der Rhône über die Saône an die Mosel und den Rhein führten. In Trier kreuzten sich die großen Fernstraßen Köln – Lyon (lange Zeit die Metro-

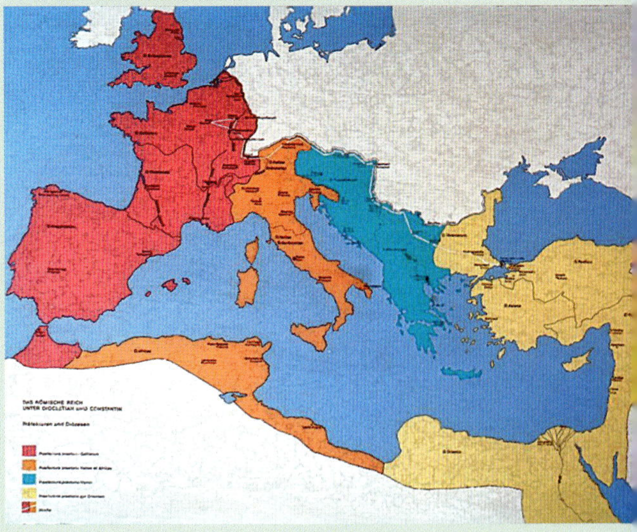

Die von Kaiser Diokletian vorgenommene Aufteilung des Imperiums in vier Herrschaftsbereiche währte nur kurz. Nacheinander schaltete Konstantin seine Mitherrscher aus und einte das Imperium erneut.

Trier um 360 (Modell). Im Hintergrund Circus und Amphitheater, davor (von links) Dom, Palastaula (Basilika) und Kaiserthermen.

pole des römischen Gallien) und Mainz – Reims – Atlantik. Diese Verkehrslage hatte nicht nur zum Wohlstand Triers in den voraufgehenden Jahrhunderten beigetragen, sondern war auch von militärstrategischer Bedeutung. Als Schnittpunkt solcher Verbindungen bot Trier beste Voraussetzungen für herausgehobene überregionale Funktionen.

Die Standortvorteile Triers sollten greifen, als nach den Wirren der vergangenen Jahrzehnte Kaiser Diokletian (reg. 284–305) Zug um Zug eine neue Ordnung durchsetzte und Reformen auf den Weg brachte, die sehr bald die politischen und wirtschaftlichen, gesellschaftlichen und kulturellen Verhältnisse tiefgreifend verändern sollten. Um Machtkämpfe rivalisierender Thronprätendenten für die Zukunft auszuschließen, verteilte Diokletian die Herrschaft auf mehrere Mitregenten, die wie er allesamt aus dem Balkan stammten. In dem sorgfältig ausbalancierten System der von Diokletian geschaffenen Viererherrschaft (Tetrarchie) hatten zwei Augusti, er selbst und Maximian, die höchste Stellung inne, seit 293 gefolgt von zwei ihnen zu- und untergeordneten Caesaren, Galerius und Constantius, der Vater Konstantins. Der subtilen Abstufung der beiden Augusti und ihrer Caesaren entsprachen auch die Schutzgötter des Kaiserkollegiums: Jupiter für Diokletian, den Urheber der Tetrarchie, und seinen Caesar Galerius, Hercules, der Jupitersohn, für Maximian und Constantius. Aus der Viererherrschaft ergab sich keine Reichsteilung, sondern jedem Tetrarchen wurde ein Territorialkomplex als eigener Zuständigkeitsbereich zugewiesen. Die in ihren jeweiligen Sprengeln tätigen Herrscher hatten jeder mehrere Residenzen. Wichtigste Residenz im Nordwesten, im Reichsteil des Constantius, war Trier, das schon vorher Maximian als bevorzugter Standort neben Mailand gedient hatte. Die Verteilung der vier Herrscher, ihrer Truppen und einen Teil der Verwaltung über das gesamte Römische Reich sollte für jene Stabilität sorgen, die in den Wirren der voraufgehenden Jahrzehnte verloren gegangen war.

Goldmünze mit dem Porträt Kaiser Diokletians.

Porphyr-Plastik der Tetrarchen. Die heute an der Ecke des Dogenpalastes in Venedig eingebaute Gruppe zeigt die Augusti Diokletian und Maximian jeweils mit ihren beiden Caesaren Galerius und Constantius (dem Vater Konstantins).

Dem gleichen Stabilitätsideal waren die geldwirtschaftlichen Maßnahmen Diokletians und seiner Kollegen verpflichtet. Mit der Neufestlegung des Aureus, der nach einer Anpassung unter Konstantin den programmatischen Namen solidus erhielt, wurde eine Goldmünze geschaffen, die als Pfeiler des neuen Währungssystems konzipiert war. Parallel dazu wurde die Steuererhebung vereinheitlicht und rationalisiert. Der immer noch grassierenden Inflation sollte durch die Festlegung von Höchstpreisen für Güter und Dienstleistungen entgegengewirkt werden.

Goldgefasster Boden einer Glasschale mit Petrus und Paulus, vermutlich aus einer stadtrömischen Katakombe.

Doch das berühmte Höchstpreisedikt von 301 hatte trotz rigoroser Durchsetzungsbemühungen keinen dauerhaften Erfolg. Um den Reformen eine höhere Durchschlagskraft und der Verwaltung einen besseren Zugriff zu ermöglichen, wurden die Provinzen geteilt und auf diese Weise deren Anzahl auf fast hundert erhöht. Diese Fragmentierung machte bald (vermutlich erst unter Konstantin) eine Zwischeninstanz erforderlich, die dioecesis. Die zwölf neu eingerichteten Diözesen unterstanden den vicarii. In Anlehnung an die Terminologie der Zivilverwaltung sind später auch die bischöflichen Amtssprengel als Diözesen bezeichnet worden.

Das große Ziel der Stabilität wurde von Diokletian und seinen Mitherrschern auch auf religiösem Gebiet angestrebt. Der römische Staat war traditionell eng mit den heidnischen Kulten verflochten. Die Kaiser verlangten als Nachweis politischer Loyalität kultische Opfer, die ihnen und den Göttern darzubringen waren. Die Christen verweigerten sich diesem Götter- und Personenkult und hatten dafür in der Vergangenheit des öfteren blutige Verfolgungen erlitten. In den letzten vier Jahrzehnten des 3. Jahrhunderts jedoch hatte die Kirche weitestgehend in Ruhe leben können. Doch unter Diokletian sollte sich das ändern, denn er wollte die Wiederherstellung der einstigen Größe Roms nicht nur durch seine bereits skizzierten Reformen, sondern auch durch eine Rückkehr zu den traditionellen Göttern und zu den Sitten der guten alten Zeit (mos maiorum) erreichen, ganz im Sinne einer geistigen und moralischen Erneuerung des Reiches. Dem standen die Christen mit ihrem Monotheismus und dem Gottmenschen Jesus, den sie als Christus, den "Gesalbten" (hebräisch Messias), verehrten, den aber die römische Behörde zum Kreuzestod verurteilt hatte, im Wege. Der von der Regierung erzwungene Götter- und Kaiserkult galt den Christen als Abfall vom Glauben (Apostasie) und schwere Sünde. Im Grundsätzlichen war ein Kompromiss zwischen diesen Positionen ausgeschlossen, in der Praxis der letzten Jahrzehnte allerdings hatte eine Politik der Toleranz den Religionsfrieden ermöglicht. Doch ein liberales Laisser-faire gehörte nicht zum Regierungsstil Diokletians und seiner Mitherrscher. Die Kräfte des Reiches sollten energisch gebündelt werden. Disziplin, nicht Dissens lautete die Losung der Regierung. So kam es 303 zur Wiederaufnahme einer umfassenden Christenverfolgung: Christliche Kirchen und Schriften wurden zerstört, ein allgemeines Opfergebot erlassen. Viele Christen nahmen die Konsequenzen ihrer Standhaftigkeit auf sich: Gefängnis, Folter, Tod. Andere sagten sich unter Druck von ihrem Glauben los, wieder andere versuchten trickreich das Opfergebot zu umgehen. Jahrelang dauerte die Verfolgung, sie wurde stufenweise verschärft und war am Ende doch erfolglos: Semen est sanguis Christianorum – "Ein Samen (des Glaubens) ist das Blut der Christen" schrieb schon Tertullian in seinem "Apologeticum" (50, 13). Im Jahre 311, kurz vor seinem Tode, erließ der damals ranghöchste Kaiser Galerius, zugleich im Namen seiner Mitherrscher und damit mit reichsweiter Gültig-

Das konstantinische Kaiserhaus

Kameo mit der Familie Konstantins. Das antike Stück ist eingesetzt im 1499 entstandenen Deckel des Ada-Evangeliars (Trier). Ein Beleg für die mittelalterliche Verehrung des ersten „christlichen" Kaisers.

keit, ein Edikt, das den Christen mürrisch Toleranz gewährte und sie ihrer "Torheit" überließ.

Es war ein unerhörter Vorgang, als am 1. Mai 305 die beiden ranghöchsten Kaiser, Diokletian und Maximian, freiwillig abdankten und die beiden bisherigen Caesaren, Galerius und Constantius, in die Position der Augusti nachrückten. An ihrer Stelle wurden zwei neue Caesaren, Maximinus Daia und Severus, berufen, während die leiblichen Söhne der Augusti, Konstantin, Sohn des Constantius, und Maxentius, Sohn Maximinians, leer ausgingen. Das Adoptionssystem hatte sich gegenüber dem in der römischen Kaiserzeit bislang praktizierten dynastischen Prinzip durchgesetzt, vorläufig jedenfalls. Doch schon am 25. Juli 306

Johannes Lingelbach (17. Jh.): Sieg Konstantins über Maxentius an der Milvischen Brücke. Die Schlacht am Ponte Molle wurde später zum Beginn der konstantinischen Wende und damit dem Sieg des Christentums über die heidnische Antike stilisiert.

riefen die Truppen des gerade verstorbenen Constantius dessen Sohn Konstantin im britannischen York zum Kaiser aus; im Herbst des gleichen Jahres zog Maxentius in Rom nach. Die weitsichtig geplante Nachfolgeregelung Diokletians war damit gescheitert. Dennoch haben seine Reformen insgesamt dem Reich dauerhafte Strukturen verliehen und Grundlagen geschaffen, auf denen Konstantin und seine Erben erfolgreich weiterbauen konnten, abgesehen natürlich von der religiösen Wende, die Konstantin im Laufe seiner Regierungszeit vollzog und von der gleich die Rede sein wird.

DER WEG KONSTANTINS ZUR ALLEINHERRSCHAFT (306–324)

In Trier geprägte Silbermünze mit dem Porträt des Galerius. Der ranghöchste Mitkaiser Konstantins starb 311.

Es ist bezeichnend für den Zustand unserer Überlieferung, dass nicht einmal das Geburtsdatum Konstantins verlässlich bestimmt werden kann. Vermutlich war er bei seinem Tode im Jahre 337 etwas mehr als sechzig Jahre alt, dürfte also um 275 geboren sein, und zwar – soviel ist sicher – in Naissus (heute Nisch in Serbien). Sein Vater, der spätere Tetrarch Constantius, stammte aus dem Balkan und hatte eine Offizierslaufbahn eingeschlagen. Konstantins Mutter war Helena, eine Gastwirtin aus dem nordwestlichen Kleinasien. Die Verbindung war nicht standesgemäß und galt als Konkubinat. Im Zuge seines weiteren Aufstiegs trennte Constantius sich von Helena und heiratete aus politischen Gründen Theodora, Tochter oder Stieftochter des Kaisers Maximian. Für den noch jungen Konstantin eröffnete sich eine Laufbahn im Heer und der Dienst im Stab der Ostkaiser Diokletian und Galerius. Als Constantius im Jahre 305 zum Augustus des Westens berufen worden war, begab Konstantin sich zu ihm, um am Krieg gegen die Pikten in Schottland, jenseits der Nordgrenze des römischen Britannien, teilzunehmen. Nach dem frühen Tod des Vaters am 25. Juli 306 riefen dessen Soldaten Konstantin zum Augustus aus und durchbrachen damit das auf Adoption beruhende Nachfolgesystem der Tetrarchie. Galerius, das nunmehr ranghöchste Mitglied des Kaiserkollegiums, erkannte die Entscheidung der Truppen notgedrungen an, zwang jedoch Konstantin, sich mit der Stellung eines Caesars zufrieden zu geben. In die Augustus-Position des verstorbenen Constantius rückte nach den Regeln des Systems der bisherige Caesar Severus nach. Dieser jedoch scheiterte 307 im Kampf gegen Maxentius, den Sohn des Tetrarchen Maximian, der sich von seinen Anhängern zum Kaiser hatte ausrufen lassen und von Rom aus über Italien und Africa herrschte. Konstantin hatte in der Nachfolge seines Vaters den Nordwesten des Imperium als seinen Amtsbereich und Trier als seine wichtigste Residenz übernommen. Nach der Erhebung des Maxentius schien ihm ein Bündnis mit dessen Vater ratsam. Besiegelt wurde es, vielleicht in Trier, durch die Ehe Konstantins mit Fausta, der Tochter Maximians, nachdem er sich von seiner bisherigen Partnerin Minervina getrennt hatte. Als Maximian sich 310 trotz lange zurückliegender Abdankung wieder an die Macht zu putschen versuchte, stieß er auf den energischen Widerstand Konstantins und setzte in auswegloser Lage seinem Leben ein Ende. Damit war auch die religiöse Sanktion der herculischen Linie der Tetrarchie diskreditiert, die von Maximian über Constantius zu Konstantin geführt hatte. Infolgedessen schuf sich letzterer, da legitimierende Herkunft unverzichtbar war, eine neue dynastische Genealogie, indem er den Kaiser Claudius Gothicus (reg. 268–270) zu seinem Ahnherrn erklärte.

Neue Spannungen setzten 311 mit dem Tod des Galerius ein, um dessen Erbe sich die Ostkaiser Licinius und Maximinus Daia stritten. Konstantin nutzte diese Situation, um den schon lange schwelenden Konflikt mit Maxentius offensiv zu beenden. Im Frühjahr 312 marschierte er von Gallien nach Italien, besiegte in mehreren Treffen die Truppen des Maxentius in Norditalien und rückte gegen Rom vor, das von seinem Gegner gehalten wurde. Am 28. Oktober 312 kam es zu der entscheidenden Schlacht an der Milvischen Brücke (pons Mulvius, Ponte Molle) im Norden Roms. Sie brachte Konstantin den Sieg und kostete Maxentius das Leben. Nach christlicher Überlieferung hat Konstantin im Vorfeld dieses Waffenganges einen Traum bzw. eine Vision gehabt und daraufhin Christus als seinen Schlachtenhelfer erwählt. Nach der erfolgreichen Erprobung dieses Gottes habe Konstantins eine dezidiert christenfreundliche Politik betrieben und eine Wende vollzogen, die sich im Rückblick als Beginn eines christlichen Zeitalters und einer neuen weltgeschichtlichen Epoche erwiesen hat. Die antike Überlieferung dieser Vorgänge wird in der modernen Forschung sehr kontrovers beurteilt.

Die beiden wichtigsten Quellen zur Schlacht an der Milvischen Brücke sind christlich geprägt und führen den Sieg Konstantins auf die Intervention des Christengottes zurück. In seiner Schrift "Von den Todesarten der Christenverfolger" (Kap. 44) berichtet der Rhetor Lactantius, Konstantin habe im Traum die Weisung erhalten, das "himmlische Zeichen Gottes" (caeleste signum dei) auf den Schilden seiner Soldaten aufzeichnen zu lassen, welcher Weisung er dann auch Folge leistete, indem er Christum in scutis notat ("Christus auf den Schilden aufzeichnet"). Nach dem Zeugnis erhaltener Münzen dürfte dies in der abgekürzten Form des Namens Christi, also in der Gestalt des Christogramms ☧, geschehen sein. Dieses Monogramm ergibt sich aus der Ineinanderstellung der beiden ersten Buchstaben des Namens Christos in griechischer Schrift: XPICTOC. Weniger wahrscheinlich ist, dass Lactantius das Staurogramm ⳨, eine Verbindung von X und P in Kreuzesform, gemeint haben könnte, obwohl eine Wendung in seinem Text an das Staurogramm denken läßt. Doch die Textpassage mit dieser Wendung ist vermutlich ein späterer Zusatz und stammt nicht aus der Feder des Lactantius. In seinem "Leben Konstantins" (I 28f.) bietet Eusebius, Bischof von Caesarea in Palästina, jedoch eine andere Version des göttlichen Eingreifens: Auf dem Marsch habe sich Konstantin und seinen Truppen am hellen Tage das "Siegeszeichen des Kreuzes" am Himmel gezeigt, versehen mit den begleitenden Worten "Durch dieses (Zeichen) siege!" In der folgenden Nacht sei dem Kaiser, der über die Bedeutung dieser Vision rätselte, Christus im Schlafe erschienen und habe ihm aufgetragen, das am Himmel geschaute Zeichen als "Schutzmittel" in seinen Schlachten zu verwenden.

Beiden Berichten sind zentrale Aussagen gemeinsam: Gott greift in übernatürlicher Weise ein, und das Schutzzeichen ist in der Gestalt des Christogramms bzw. des Kreuzes engstens mit Christus verbunden. Dennoch bleibt die Frage, wie es zu den besagten Unterschieden in den Berichten kommen konnte. Lactantius und Eusebius müssen beide als gut informiert gelten: Lactantius als Erzieher des Crispus, des ältesten Konstantinsohnes (von Minervina), seit spätestens 310 in der Kaiserresidenz Trier, Eusebius als Bischof, der seit 325 mehrmals mit Konstantin zusammentraf. Dass der Kaiser dem Bischof gegenüber die Glaubwürdigkeit seiner Aussage zur Kreuzesvision eidlich bekräftigt haben soll, dürfte den nachdenkenden Leser eher skeptisch als zuversichtlich stimmen, fehlt doch gerade diese Vision im Bericht des Lactantius, der dem Kaiser und dem Ereignis im Jahre 312 näher stand, während Eusebius erst sehr viel später mit Konstantin in Verbindung trat. Die nächstliegende Erklärung ist doch wohl, dass es zur Kreuzesvision keine einheitliche Sprachrege-

Marmorbüste des Maxentius.

„In diesem Zeichen wirst Du siegen". Das römische Feldzeichen mit dem Christogramm durchbohrt eine Schlange. Die Münze dokumentiert das Verhältnis des Feldherrn und Kaisers zum Christentum.

lung gab, mit anderen Worten, dass der Kaiser seine Gründe gehabt haben muss, auf eine Sprachregelung zu verzichten, obwohl es ihm möglich gewesen wäre, eine solche durchzusetzen. Vielleicht wollte Konstantin mit Rücksicht auf seine vielen heidnischen Anhänger und Soldaten den Sieg über Maxentius nicht als einen Triumph des Christentums über die traditionellen Götter Roms darstellen und ließ deshalb eine unbestimmtere, offenere Charakterisierung der ihm zuteil gewordenen göttlichen Hilfe zu. Genau in diese Richtung weist die sehr neutral gehaltene Inschrift des 315 durch den Senat errichteten Konstantinbogens in Rom. Trotz seiner seit 312 eindeutigen Hinwendung zum Christentum hat Konstantin es auch sonst aus politischer Klugheit und berechtigter Sorge um den Zusammenhalt der staatstragenden Kräfte vermieden, die Anhänger der alten Religion gegen sich aufzubringen und in die Opposition zu treiben. Andererseits hat der Kaiser schon vor seiner Alleinherrschaft über das Gesamtreich (324–337) in innerkirchliche Konflikte (z.B. in den Streit zwischen Katholiken und Donatisten in Nordafrika) in einer Weise eingegriffen, die zeigt, dass er in der Wiederherstellung des Friedens zwischen verfeindeten christlichen Gruppen nicht nur politischen Handlungsbedarf sah, sondern eine Aufgabe, die er als ein dem Christentum nahe stehender, wenngleich noch nicht getaufter, Lenker des Staates lösen wollte.

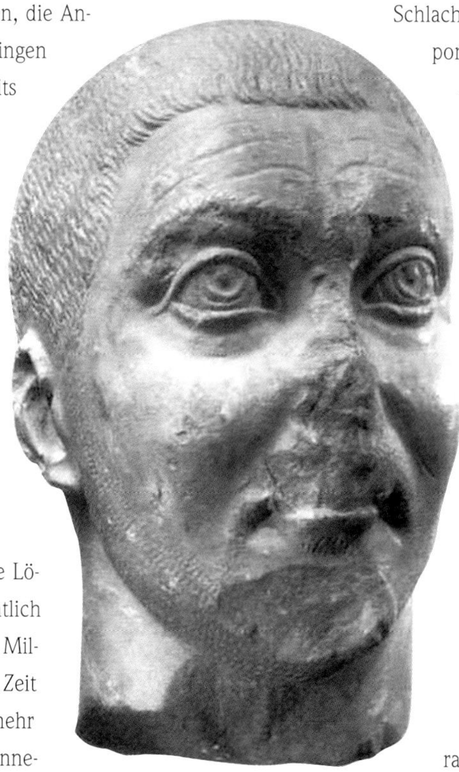

Marmorporträt Licinius. Nachdem Licinius seinen Mitkaiser Maximinus Daia ausgeschaltet hatte, drängte Konstantin Licinius immer weiter nach Osten und ließ ihn 325 töten.

So bleibt denn als wahrscheinlichste Lösung für die fehlende Sprachregelung hinsichtlich von Traum und Vision vor der Schlacht an der Milvischen Brücke, dass Konstantin im Laufe der Zeit an seiner Hinwendung zum Christentum in mehr als einer Hinsicht "gearbeitet" hat, ohne die inneren Vorgänge im Umfeld dieser Schlacht konsequent und eindeutig offen zu legen. Doch an seiner Überzeugung, dass er diesen Sieg der Hilfe des Christengottes verdankte, hat er keine Zweifel aufkommen lassen. Verheißungsvolle Träume und Omina gehörten schon unter den heidnischen Kaisern zum Standardrepertoire bei der Inszenierung großer Ereignisse und Umstürze. Es ist wirklich kein Wunder, dass die Überlieferung auch im Falle Konstantins von solchen Vorzeichen berichtet. Das eigentlich Erstaunliche und geschichtlich Bedeutsame ist vielmehr, dass sich hier erstmals in der römischen Geschichte der Gott der Christen zu erkennen gab, oder, anders gewendet, dass christliche Berater im Umfeld Konstantins genügend Einfluss besaßen, um dem Kaiser ihre Interpretation der von ihm geschauten und erträumten Bilder zu vermitteln. Die sich hier anbahnende Wende war alles andere als erwartbar gewesen. Noch bildeten die Christen eine Minderheit, ganz gewiss im Westen, doch auch im bevölkerungsreicheren Osten des Imperiums.

Ein Konflikt zwischen den beiden Augusti des Ostens, Maximinus Daia und Licinius, führte zu einem Bündnis des letzteren mit Konstantin und zu einer 313 in Mailand erzielten Verständigung dieser beiden Kaiser auf eine Politik der Toleranz gegenüber Christen und Heiden. Die Rückendeckung durch Konstantin gab Licinius freie Hand, noch im gleichen Jahr gegen Maximinus Daia vorzugehen und diesen auszuschalten. Allerdings währte die Gemeinsamkeit zwischen den beiden verbliebenen Augusti Konstantin und Licinius nicht lange. Schon 316 kam es bei Cibalae im Balkan zu einer ersten militärischen Auseinandersetzung, in deren Folge sich Licinius fast gänzlich aus dem europäischen Teil seines Herrschaftsbereiches zurückziehen musste. In offenem Gegensatz zu Konstantin steuerte er nunmehr einen christenfeindlichen Kurs, musste sich aber 324 in mehreren Schlachten, zuletzt in Chrysopolis am Bosporus, geschlagen geben und wurde 325 auf Befehl Konstantins getötet.

KONSTANTINS ALLEINHERRSCHAFT (324–337)

Seit 324 hatte das Römische Reich erstmals einen christlichen Alleinherrscher, allerdings nicht in der Weise, dass Konstantin seine Möglichkeiten nunmehr genutzt hätte, um das Heidentum und dessen Anhänger gewaltsam zu verdrängen. Nach wie vor verfolgte der Kaiser bei aller persönlichen und politischen Nähe zum Christentum weitgehend eine Politik der Toleranz, die nicht nur die alten Kulte zuließ, sondern auch eine enge Verbindung Konstantins mit dem Sonnengott Sol suggerierte.

Die religiöse Wende war unter den Entscheidungen Konstantins ganz zweifellos diejenige mit der größten Fernwirkung, war sie doch der erste Schritt auf dem Wege zur Christianisierung des Römischen Reiches und seiner Nachfolger im Abendland und Morgenland. Doch die notwendige Konzentration auf diese Weichenstellung von wirklich weltgeschichtlichen Ausmaßen darf andere Felder der Politik nicht vollständig ausblenden. In Verwaltung und Wirtschaft folgte Konstantin weitgehend dem bereits von Diokletian vorgegebenen Kurs und baute diese Linie unter anderem durch die Schaffung neuer Strukturen und Hofämter aus. In der Heeresorganisation führte Konstantin eine wichtige Reform durch, indem er die Armee in ein Bewegungsheer (unter dem Kommando neu geschaffener Heermeister) und ein Grenzheer teilte. Damit wollte er einerseits der Grenzschutz sichern, andererseits bewegliche Elitetruppen bereitstellen, um flexibel auf feindliche Einfälle ins Reichsgebiet reagieren zu können. Konstantins Siegestitel belegen, dass die Grenzen an Rhein und Donau besonders bedroht waren. Sie konnten durch erfolgreiche Kämpfe gegen Germanen sowie die iranisch geprägten Sarmaten und ihre Verbündeten längerfristig gesichert werden. Mit der Ausschaltung des Licinius fielen auch die östlichen Reichsterritorien an Konstantin. Doch zunächst blieb der Donauraum ein Brennpunkt und musste nicht nur gegen Sarmaten, sondern auch gegen Goten verteidigt werden. Mit beiden Gegnern kamen schließlich vertragliche Abmachungen zustanden, die alles in allem als Erfolge konstantinischer Politik gewertet werden dürfen. Als wirkliche Großmacht konnte neben Rom nur sein östlicher Nachbar, das von der Dynastie der Sasaniden regierte Perserreich, gelten. Nach Phasen großer Gefährlichkeit stellte es damals keine besondere Bedrohung für das Imperium Roms dar. Vielmehr war es Konstantin, der seinerseits offensiv vorging, als Schutzherr der Christen im Sasanidenreich auftrat und schließlich 337 einen Feldzug begann, der jedoch nicht mehr durchgeführt werden konnte, weil Konstantin bereits beim Abmarsch erkrankte und starb. Immerhin war deutlich geworden, dass der ruhelose Kaiser wie schon Alexander der Große und Caesar einen großen Sieg im Osten suchte.

Die Herrschaft über das gesamte römische Imperium und die bereits von Diokletian erkannte Notwendigkeit, das ausgedehnte und an seinen Grenzen gefährdete Reichsgebiet durch ein Kaiserkollegium zu regieren, mussten auch Konstantin zu einer territorialen Aufteilung der Zuständigkeiten führen. Dies geschah im Sinne der älteren dynastischen Tradition durch eine Beteiligung der engeren Familie Konstantins an der Herrschaft, wobei seinem Sohn Constantinus II. der Nordwesten mit der Residenz Trier zufiel. Freilich bot auch diese Rückkehr zu einer dynastischen Politik keine unbedingte Garantie für geordnete Herrschaftsverhältnisse. Die Defizite stellten sich nicht erst nach dem Tode Konstantins heraus, sondern vorher schon hatte Konstantin im Laufe eines einzigen Jahres, 326, nacheinander seinen ältesten Sohn Crispus und seine Gattin Fausta beseitigen lassen, vielleicht wegen einer ehebrecherischen Verbindung zwischen Stiefsohn und Stiefmutter. Die wirklichen Gründe blieben der Öffentlichkeit und bleiben auch uns verschlossen.

Als Herrscher über das Gesamtreich wurde Konstantin ab 324 auch mit den innerkirchlichen Konflikten in den östlichen Gebieten konfrontiert. Die Behandlung der im engeren Sinne theologischen und kirchengeschichtlichen Fragen ist einem eigenen Beitrag in dieser Veröffentlichung vorbehalten. Hier soll nur betont werden, dass nicht etwa ein Bischof, sondern Konstantin als Kaiser 325 das Konzil von Nicaea (heute Iznik) in Bithynien, im nordwestlichen Kleinasien, und damit die erste ökumenische Versammlung der Kirche einberief und leitete. Aus den Verlautbarungen Konstantins wird deutlich, dass ihm die Einheit des Glaubens und die Eintracht der kirchlichen Amtsträger ein großes

Konstantin (rechts) mit einem Modell Konstantinopels. Mosaik aus der Hagia Sophia in Istanbul, das Maria als Stadtheilige Konstantinopels zeigt. Links von Maria Kaiser Justinian.

Die Gotensäule im Gülhane-Park am Goldenen Horn in Istanbul. Die 15 Meter hohe Säule mit korinthischem Kapitell wurde vermutlich 332 von Konstantin zur Erinnerung an den Gotenfeldzug seines Sohnes errichtet.

Anliegen waren. Trotz seiner immer tieferen Einarbeitung in die Lehren des Christentums ist ihm offensichtlich die Tragweite des Konflikts, der das Konzil vor allem beschäftigte, nicht recht deutlich geworden: die Kontroverse um die Natur Christi, die zwischen Alexander, Bischof von Alexandria in Ägypten, und seinem Presbyter Arius ausgebrochen war. Arius vertrat die Auffassung, dass Christus als Sohn Gottes dessen Geschöpf sei, wesensgleich, aber nicht wesenseins mit dem Vater. Es ging also um eine zentrale Frage des Glaubens, die Gottheit Christi. Die Konzilsväter von Nicaea sprachen sich zwar gegen Arius aus, aber damit war die Kontroverse noch längst nicht erledigt. Während Konstantin einen Kurs der Verständigung steuerte und die Anhänger des Arius in einen Kompromiß einzubinden versuchte, traten andere, wie Athanasius, der neue Bischof von Alexandria, als entschiedene Verfechter der nicaenischen Glaubensformel auf. Konstantin sah in solcher Intransigenz eine Gefährdung der religiösen und öffentlichen Friedens. Athanasius wurde daraufhin 335 nach Trier verbannt. Erst 337, nach dem Tode Konstantins, durfte er wieder auf seinen alexandrinischen Bischofsstuhl zurückkehren.

War bisher Nicomedia (heute Izmit) in Bithynien die wichtigste Kaiserresidenz im Osten gewesen, so erhielt nun das nahe gelegene Byzantium diesen Rang. Bereits 324 wurde die Stadt von Konstantin auf seinen Namen neu gegründet, hieß fortan Konstantinopel (heute Istanbul) und wurde 330 eingeweiht. Konstantinopel jedoch war mehr als nur eine weitere Residenzstadt, sondern wurde systematisch zu einer Metropole des Ostens ausgebaut. Sie sollte zwar nicht Rom als Reichshauptstadt ersetzen, aber doch als neuer Kaisersitz alle anderen Residenzstädte des Imperiums überflügeln. Erst im Laufe der weiteren Entwicklung ist Konstantinopel zu einem Zweiten Rom und zur Hauptstadt des Byzantinischen Reiches geworden. Als solche hat sie das Ende der Antike überdauert und ein Jahrtausend östlicher Geschichte geprägt, bis sie 1453 durch die Türken erobert wurde. Durch neue Bauten und Denkmäler unterstrich Konstantin den christlichen Charakter seiner neuen Stadt, ohne ganz auf heidnische Tradition und Akzente zu verzichten. Anders als Rom bot Konstantinopel dem Kaiser einen baulichen Spielraum für die Inszenierung seiner Stellung als ein unter den Schutz und in die Nähe der Gottheit gerückter Universalherrscher. Diesen Anspruch verkörpert letztlich auch das Grab, das sich der Kaiser in der Apostelkirche von Konstantinopel bereitet hatte. Inmitten der durch zwölf Stelen repräsentierten Apostel wollte er gewissermaßen als apostelgleicher, isapostolos, beigesetzt werden (Eusebius, Leben Konstantins IV 60).

Doch noch war Konstantin nicht getauft. Wie so viele Christen damals verschob er die Taufe auf einen möglichst späten Zeitpunkt, denn durch sie, die unwiederholbare, einzige Taufe (unum baptisma), erlangte er die Verzeihung vergangener Sünden, aber die Verzeihung künftiger Sünden war für einen getauften Christen nur durch strenge Buße zu erlangen. Der Kaiser war bereits auf dem Abmarsch zu seinem Feldzug gegen das Perserreich, als er schwer erkrankte und sich im Angesicht des Todes taufen ließ, übrigens durch den ariusfreundlichen Bischof Eusebius von Nicomedia. In einem Vorort dieser Stadt starb Konstantin am 22. Mai 337, am Pfingsttage.

Viele wichtige Themen konnten in diesem knappen Überblick nicht vertieft, andere nicht einmal angesprochen werden. Entscheidende Aussagen zum Christentum Konstantins und zu seiner Religionspolitik werden in der Forschung sehr kontrovers diskutiert. Diese Kontroversen sind hier nur in Einzelfällen angedeutet worden. Die "Entdeckung" des Kreuzes und seiner Bedeutung ist ein wichtiges Thema, das noch eingehender bedacht werden muss. Gerade in Trier ist an die Tradition der Kreuzesauffindung durch Konstantins Mutter Helena zu erinnern.

Die Inanspruchnahme des Kreuzes für machtpolitische Ziele ist im vorliegenden Beitrag zwar deutlich geworden, doch zum Verständnis der sich daraus ergebenden Problematik bedarf es eines umfassenderen Zugriffs. Hier sei zu diesem ernsten Thema nur soviel gesagt: Christus und das Kreuz als Schlachtenhelfer eröffnen beunruhigende Perspektiven. Im damaligen Kontext mag das noch begreiflich erscheinen, denn es war Tradition, den Schutz der Götter im Kampf anzurufen und ihre Bilder in die Schlacht mitzuführen. Konstantin bewegte sich ganz im Rahmen dieser Tradition, als er Christus als seinen göttlichen Schlachtenhelfer wählte. Die ihn beratenden Christen haben ihm offenbar nicht widersprochen, ganz im Gegenteil. Sie hatten noch die Verfolgungen erlebt und brannten förmlich darauf, dass ihr Gott sich endlich als überlegen erweise und die heidnischen Götter zuschanden mache. Mag sich dies alles unter den Gegebenheiten der konstantinischen Zeit vielleicht nachvollziehen lassen, so erheben sich doch aus unserer heutigen Perspektive schwere Bedenken. Zu oft ist das Kreuz missbraucht worden, als dass wir es frohen Herzens als Kriegsstandarte begrüßen könnten. Angesichts dieser gewaltsamen Inanspruchnahme des Kreuzes durch die Jahrhunderte hindurch und eben auch durch Konstantin muss an die Grundcharta des Christentums, das Neue Testament, erinnert werden. Bei Jesus ist nicht vom Kreuz die Rede, das im Kampf gegen den Feind voran getragen wird, sondern von jenem Kreuz, dessen Last man persönlich schultert: "Wer mein Jünger sein will, der verleugne sich selbst, nehme sein Kreuz auf sich und folge mir nach." (Markus 8, 34).

Blicken wir abschließend noch einmal auf die Verhältnisse vor Beginn der Herrschaft Konstantins zurück, so wird das ganze Ausmaß des zwischen 306 und 337 eingetretenen Wandels deutlich. Das Christentum wird von einer verfolgten zu einer privilegierten Religion, die vormals aus den Ämtern und dem öffentlichen Leben Ausgeschlossenen werden als Träger des Staates hinzugezogen, das zur Hinrichtung von Verbrechern bestimmte Kreuz wird zum Siegeszeichen Konstantins und der Gekreuzigte zum Herrn des Kaisers.

Dame mit Schmuckkasten. Ausschnitt aus der Prunkdecke, die unter dem Trierer Dom gefunden wurde. Nach alter Trierer Überlieferung schenkte die Mutter Konstantins, die Hl. Helena, dem Trierer Bischof ihren Palast zum Bau des Domes.

Silbermedaillon des Konstantins, geprägt 315 in Ticinum/Pavia, mit einem Christogramm als Helmagraffe.

KONSTANTIN UND DIE KIRCHE

Prof. Dr. Hermann Josef Vogt

Wenn man von einer Gestalt der Vergangenheit noch Briefe lesen kann, kommt man ihr wohl näher, als wenn nur noch Berichte anderer über sie vorhanden sind. Konstantin der Große, der erste christliche Kaiser des römischen Reiches, hat in seiner langen Regierungszeit viele Briefe geschrieben und Gesetze und Erlasse herausgegeben; und schon in dem wohl frühesten Text, den uns der Bischof Eusebios von Caesarea in Palästina in seiner „Kirchengeschichte" (X 5) überliefert hat, befasst Konstantin sich mit der „katholischen Kirche der Christen".

Silberbeschlag vom Sarg des heiligen Trierer Bischofs Paulinus. Auf dem Konzil in Arles hielt er gegen den Willen des Kaisers am Glauben der göttlichen Wesensgleichheit von Vater und Sohn fest und weigerte sich deshalb, Athanasius zu verurteilen. Paulinus wurde deshalb verbannt und starb 358 in Phrygien.

WIEDERGUTMACHUNG

Der Kaiser gibt dem Präfekt Anulinus Anweisung, „diesen Kirchen" (jetzt in der Mehrzahl) alle Gärten, Häuser oder anderes zurückzugeben, was sie einmal besaßen, was jetzt aber in anderen Händen sei. Zwar deutet er nicht einmal an, wie solcher Besitzwechsel zustande kam; aber seine Erklärung am Anfang des Briefes, es sei „die Art seiner Güte, fremdes Eigentum nicht nur nicht anzutasten, sondern gegebenenfalls zurückzuerstatten", lässt deutlich genug erkennen, dass er sich darin von anderen Kaisern unterscheiden will: er hat ja keine Maßnahmen gegen die Kirche ergriffen; er will die Schäden, die jene mit der Verfolgung angerichtet haben, wieder gut machen. Das galt, weil Konstantin seit 306 über Gallien, Britannien und Spanien herrschte, nun für Italien und Nordafrika, die bis zu seinem denkwürdigen Sieg an der Tiberbrücke im Norden Roms von Maxentius beherrscht wurden; der Osten des Reiches gehörte auch dann noch nicht zu Konstantins Herrschaftsbereich.

In einem zweiten Brief, der bei Euseb erhalten ist (X 6), wendet Konstantin sich an den Bischof Caecilian von Karthago; auch ihm wolle er eine beträchtliche Summe zukommen lassen, wie er in „allen Provinzen von Afrika, Numidien und Mauretanien" bestimmten (aber wohl nur als Gruppen) „genannten Dienern der rechtmäßigen und ganz heiligen katholischen Religion für ihre Aufwendungen" eine Unterstützung gewährt habe; Caecilian solle das Geld an die weitergeben, die in dem Brief von Hosius genannt seien. Dieser Brief ist nicht erhalten; so kann man nicht erkennen, welche Diener der Kirche unterstützt wurden; dass Bischof Hosius, Konstantins aus Spanien stammender Berater in kirchlichen Angelegenheiten, Listen mit einzelnen Namen aufgestellt hätte, ist wohl nicht anzunehmen. Großzügig fügt Konstantin hinzu, Caecilian solle sich nötigenfalls ungescheut wegen weiterer Unterstützung an den Verwalter der kaiserlichen Güter wenden.

Konstantin zeigt sich aber wegen einer anderen Sache besorgt, die wohl der Grund war, dass er dem Bischof von Karthago selber schrieb. Er habe erfahren, „dass Menschen von ungefestigter Gesinnung das Volk der ganz heiligen und katholischen Kirche durch schlimme Vortäuschungen aufzuwiegeln versuchten"; er habe aber schon den beiden höchsten für Afrika zuständigen Staatsbeamten den Auftrag erteilt, diesen Vorgängen „die nötige Aufmerksamkeit zu schenken"; deshalb solle Caecilian im Fall, „dass einige in diesem Wahnsinn verharren", sich an die genannten „Richter" wenden;

die würden dann die Unruhestifter zur Vernunft bringen. Das habe er befohlen, versichert Konstantin zwar, deutet aber nicht einmal an, was für Maßnahmen er befohlen hat. Auch was da Übles im Gange war, bleibt ganz undeutlich. Aber dass der Kaiser, der stolz darauf war, die Christenverfolgung beendet zu haben, nun Staatsbeamte zu Eingriffen in das Leben der Kirche aufgefordert hätte, das kann man sich nicht vorstellen. Er kann mit dem „Wahnsinn" nicht Verstöße gegen Glauben und Frömmigkeit gemeint haben; er rechnete wohl mit falschen Anschuldigungen, die ein Richter aufklären und dann gegebenenfalls betrafen konnte. Aber auch dann wären wohl auch kirchliche Fragen berührt worden, welche die staatlichen Richter überfordert hätten. Man wird aus dieser Anweisung schließen dürfen, dass die Situation für Konstantin neu war, wohl weil er derartige Wirren aus den von ihm bis dahin beherrschten Ländern nicht kannte. Da drängt sich die Vermutung auf, dass die Auseinandersetzungen eine Folge der Christenverfolgung waren, die es ja in Afrika, wie reichlich dokumentiert ist, gegeben hatte. Tatsächlich wollte in der Christengemeinde von Karthago eine Gruppe von Gläubigen den Bischof Caecilian nicht anerkennen; sie warfen jenem Bischof, der ihm die Weihe erteilt hatte, Versagen in der Verfolgungszeit vor; deshalb sei er unwürdig und seine Amtshandlung ungültig. Dass die Beschuldigung falsch war, konnte erst Jahre später durch von Konstantin angeordnete Einsicht in die staatlichen Akten nachgewiesen werden; aber da hatte die Kirchenspaltung schon auf die ganze die Provinz Nordafrika übergegriffen.

KONSTANTINS GESCHICHTS- UND RELIGIONSVERSTÄNDNIS

In einem zweiten Brief an Anulinus scheint Konstantin nicht nur schon Kenntnis von der Spaltung in Karthago zu verraten, sondern sich auch entschieden auf die Seite des Caecilian zu stellen; jedenfalls nennt er ihn als Vorsteher der katholischen Kirche in der dem Proconsul anvertrauten Provinz. Trotzdem ist damit noch nicht erwiesen, dass der Kaiser Kenntnis von einem Gegenbischof hatte und diesen von der gewährten Vergünstigung ausschließen wollte; seine Anweisung ließe sich auch aus dem Kenntnistand verstehen, den sein Brief an Caecilian zeigt. Dieser zweite Brief an Anulinus ist nicht nur die Anwendung einer allgemeinen Verfügung des Kaisers zugunsten des christlichen Klerus auf Afrika, sondern proklamiert geradezu Konstantins Geschichts- und Religionsverständnis. Obwohl der Text, jedenfalls in der uns erhaltenen griechischen Übersetzung, sehr umständlich formuliert ist, sei er doch hier möglichst wörtlich wiedergegeben: „Da aus vielen Ereignissen sichtbar geworden ist, dass die Verachtung der Religion, in welcher die höchste Ehrfurcht vor der heiligsten Himmelsmacht gewahrt wird, große Gefahren für das Staatswesen gebracht hat, ihre gesetzmäßige Übernahme und Beobachtung aber ausgezeichnetes Wohlergehen für den römischen Namen und alle Angelegenheiten der Menschen gewährt hat, weil die göttlichen Wohltaten dies gewähren, wurde folgendes beschlossen: Jene Männer, die durch pflichtgemäße Heiligkeit und Beobachtung dieses Gesetzes ihre persönlichen Dienste der Pflege der göttlichen Religion leisten, sollen den Lohn für ihre Mühen erhalten. Deshalb sollen jene, die innerhalb der dir anvertrauten Provinz in der katholischen Kirche, der Caecilian vorsteht, ihren persönlichen Dienst dieser heiligen Religion leisten, welche man Kleriker zu nennen pflegt, ein für allemal von allen öffentlichen Dienstleistungen auf Dauer befreit sein, damit sie nicht etwa durch religionswidrige Abwesenheit oder Nachlässigkeit von der Verehrung, die der Gottheit geschuldet ist, abgelenkt werden, sondern ohne irgendeine Behinderung ihrem Gesetz dienen; wenn sie die höchste Verehrung des Göttlichen vollziehen, nützen sie offensichtlich dem Gemeinwesen am meisten." Konstantin doziert da nicht etwa immer gültige Weisheiten, sondern berichtet über seine Erfahrung und die Konsequenzen, die er daraus gezogen hat. Und die lassen sich nachvollziehen. Zwar konnte der heidnische Staat in der Verfolgung hie und da auch ein größeres Vermögen eines Christen beschlagnahmen, also als Gewinn verbuchen; aber insgesamt war die staatliche Bekämpfung des Christentums dem öffentlichen Wohlergehen nicht förderlich; das konnte Konstantin auf seinem Zug nach Rom als Unterschied zu den schon länger von ihm beherrschten Ländern leicht feststellen; vielleicht hat gerade sein Ruf als echter Nachfolger seines toleranten Vaters ihm in Italien die Herzen und die Stadttore geöffnet. So sehr man von Konstantins genauer Beobachtung der Verhältnisse und den daraus gezogenen Folgerungen beeindruckt sein mag, so wird doch schnell deutlich, dass er hier noch nicht das eigentlich christliche Verständnis von Religion zu erkennen gibt. Von Evangelium und Glaube ist nicht die Rede, nicht einmal von Gottesverehrung durch die Gläubigen, sondern nur vom liturgischen Dienst der Kleriker. Dass das Wohl des Staates vom rechten Kult mit seinen Opfern und Feiern abhängt, davon waren auch die Christenverfolger Decius und Diokletian überzeugt; deshalb versuchten sie, auch die Christen dazu zu zwingen, wobei ihnen deren innerer Glaube völlig gleichgültig war. Trotzdem ist zwischen ihnen und Konstantin ein großer Unterschied: er spricht zwar da nicht vom Vater Jesu Christi; aber die Religion, die er im Sinn hat, ist die christliche; der Gott, dem Verehrung geschuldet wird, ist der, neben dem es keine anderen Götter geben kann. Auffällig ist, wie Konstantin vom „Gesetz" spricht; er meint damit aber nicht etwa wie der Apostel Paulus die religiöse Ordnung des Alten Testaments, die jetzt durch die Gnade Christi überboten wird; „Gesetz" ist auch noch Jahre später Konstantins bevorzugte Bezeichnung für Religion überhaupt.

Während der Herrschaft Konstantins tauchen immer mehr Alltagsgegenstände mit christlichen Symbolen auf, hier ein Spielstein.

KIRCHENSPALTUNG IN NORDAFRIKA

Wenn Konstantin mit dieser Begünstigung für den Klerus von Karthago tatsächlich alle Kleriker für Caecilian gewinnen wollte, muss er eine bittere Enttäuschung erlebt haben. In einem lateinisch erhaltenen Schreiben vom 15. April 313 berichtet ihm Anulinus nämlich zunächst, er habe das Schreiben des Kaisers an Caecilian und die, welche „unter ihm tätig sind und Kleriker genannt werden“ ausgehändigt und sie ermahnt, nun „die Einheit durch Zustimmung aller herzustellen“; da sie ja nun „offensichtlich durch das vollständige Geschenk der Freigebigkeit“ des Kaisers von allen Lasten „befreit seien“, sollten sie „unter Wahrung der Heiligkeit des katholischen Gesetzes mit der geschuldeten Ehrfurcht den Gottesdienst feiern – divinis rebus inserviant!“ Aber schon nach wenigen Tagen seien einige „Kleriker“ mit einer Menge Volk bei ihm vorstellig geworden und hätten Widerspruch gegen Caecilian eingelegt und an den Kaiser gerichtete Schreiben abgegeben mit der Aufschrift „Klage der katholischen Kirche gegen die Vergehen des Caecilian“. Erhalten ist dieses Dokument, mit dem die Gegner des Caecilian für sich den Titel „katholische Kirche“ beanspruchen. nicht, wohl aber ein kurzes Gesuch mit diesem Inhalt: „Wir bitten dich, Konstantin, bester Kaiser, weil du von gerechter Abstammung bist, dein Vater unter den Verfolgern keine Verfolgung durchgeführt hat und von diesem Frevel Gallien frei ist – in Afrika gibt es nämlich zwischen uns und den übrigen Bischöfen Streitigkeiten – bitten wir also, deine Frömmigkeit (pietas) möge verfügen, dass uns Richter aus Gallien gegeben werden...“

Die Gegner des Bischofs Caecilian fühlten sich zu einer Klage wohl deshalb veranlasst, weil sie Konstantins Gunsterweis offenbar als Stellungnahme für Caecilian verstanden. So wurde der Zwist in der Kirchengemeinde von Karthago, der sich ohnehin schon auf die ganze Provinz ausgeweitet hatte, zu einem Rechtsstreit auf der Ebene des gesamten Westreiches, über das Konstantin seit dem Vorjahr herrschte.

Die Gegner des Caecilian, die später nach ihrem tatkräftigen Wortführer Donatus Donatisten genannt wurden, entwickelten die Gedanken, die sie zum Vorwurf der Unwürdigkeit gegen Caecilian geführt hatten, zu einer eigenen Lehre, wonach die Gültigkeit und Wirksamkeit der Sakramente von der persönlichen Heiligkeit oder Würdigkeit des Spenders abhingen; dafür beriefen sie sich – zu Unrecht, aber mit großem Erfolg – auf den karthagischen Bischof Cyprian, der in der Mitte des 3. Jahrhunderts als Märtyrer gestorben war; er hatte Taufen, die außerhalb der lebendigen Glaubensgemeinschaft der Kirche gespendet worden waren, für ungültig erklärt.

Bleiplombe mit Christogramm.

So war zu erwarten, dass der Prozess gegen Caecilian weit über die Frage nach seiner persönlichen Würdigkeit hinausgreifen würde. Normale staatliche Richter hätten mit solchen Problemen nicht zurechtkommen können. Die Bitte um Richter aus Gallien musste also wohl von vornherein so verstanden werden, dass Bischöfe richten sollten. Man wird annehmen dürfen, dass die Donatisten sich vorstellten, Konstantin werde einige besonders angesehene Bischöfe aus Gallien als Richter auswählen und nach Karthago senden. Ob Konstantin daran gedacht hat, wissen wir nicht; es ist auch kein Schreiben von ihm an einen gallischen Bischof erhalten.

GERICHT UND SYNODE IN ROM

Überliefert ist uns – wiederum durch Euseb (KG X 5,18-20),also in griechischer Übersetzung - ein Schreiben an „Miltiades, den Bischof der Römer“; darin teilt Konstantin zunächst mit, Anulinus, der Proconsul von Afrika, habe ihn durch mehrere Briefe informiert, Caecilian werde durch einige seiner Kollegen in vieler Hinsicht beschuldigt. Für ihn selbst sei es „eine schwerwiegende Sache, dass in diesen Provinzen, welche die göttliche Vorsehung von sich aus mit viel Volk“ seiner Regierung „anvertraut habe, sich ein Mob befindet, der bei der übler Gesinnung bleibt, als ob es Spaltung und Differenzen zwischen den Bischöfen gäbe.“ Das erinnert an seine Aufforderung an Caecilian, gegen diejenigen, die bei ihrem bösen Willen bleiben, die Hilfe der Behörden in Anspruch zu nehmen. Aber jetzt sieht er eine andere Lösung des Problems vor: Caecilian soll mit (!) zehn Bischöfen, die ihn „beschuldigen“ und zehn anderen, die er zu seiner Verteidigung brauche, zu Schiff nach Rom kommen. Caecilian soll in Gegenwart des römischen Bischofs Miltiades und seiner Kollegen Reticius, Maternus und Marinus, die er nach Rom beordert habe, „verhört (oder angehört) werden, wie immer“ sie „erkennen“ würden, „dass es dem verehrungswürdigsten Gesetz entspricht.“ Der Kaiser überlässt also den vier bischöflichen Richtern die Entscheidung, wie man in diesem Fall nach dem Kirchenrecht verfahren soll. Aus den Abschriften der ihm zugegangenen Beschwerden könnten sie erkennen, wie man diesen „Rechtsstreit sorgfältig beurteilen und dem Recht entsprechend beenden“ könne. Dass Konstantin ernsthaft mit positivem Ausgang des Verfahrens gerechnet hat, zeigt seine Schlussermahnung: Ihr wisst, „dass ich der gesetzmäßigen katholischen Kirche so große Ehrfurcht erweise, dass ich will, dass ihr überhaupt keine Spaltung oder Uneinigkeit an irgendeinem Ort weiterhin bestehen lasst!“ Der Kaiser hielt die Christen, erst recht die Bischöfe, also für grundsätzlich konsensfähig. Vielleicht hat er das Kapitel 6 des ersten Korintherbriefes wörtlich genommen. Jedenfalls schrieb er – nach neuer Enttäuschung durch das Scheitern der Synode von

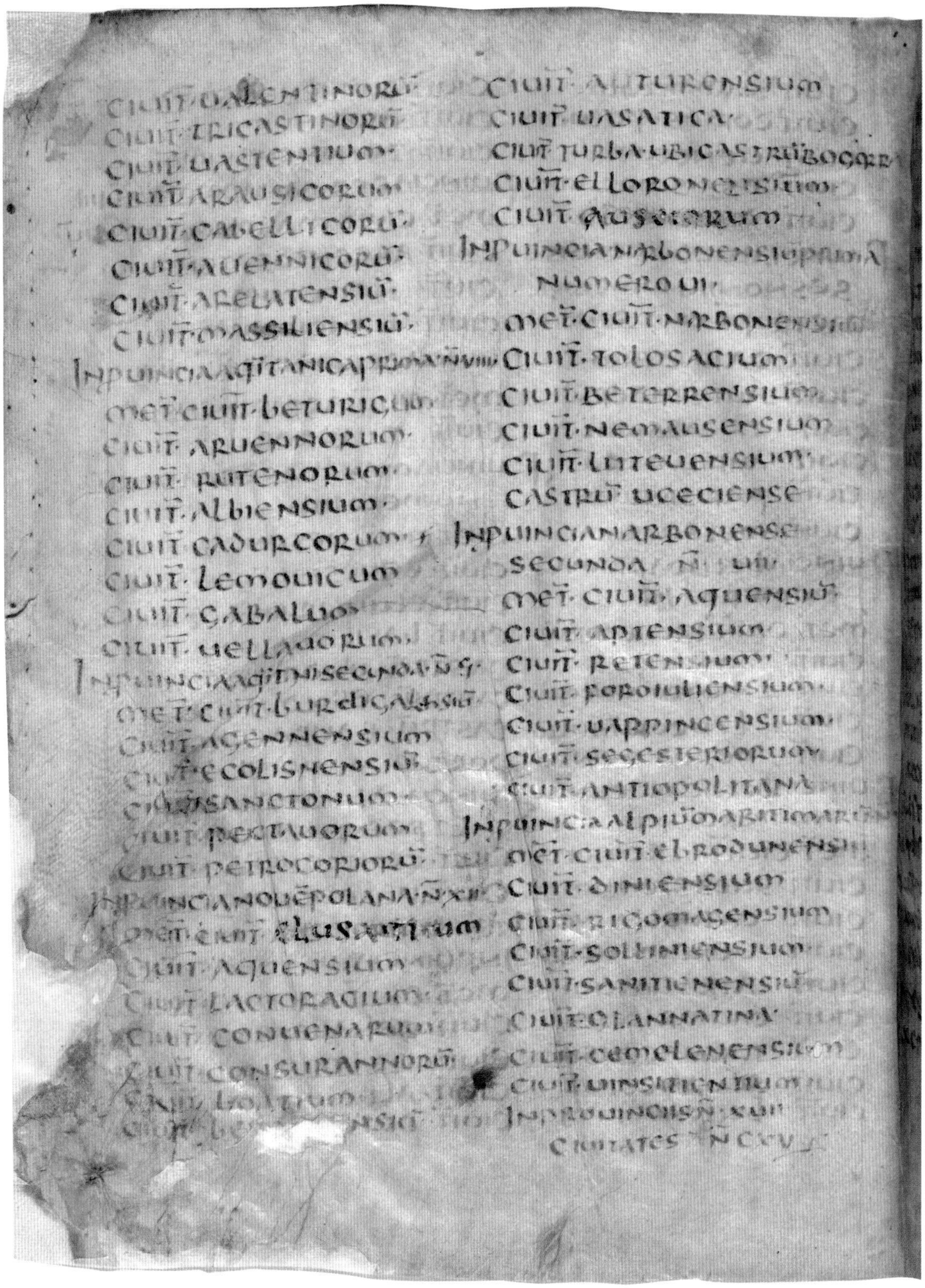

Pergament mit der Teilnehmerliste des Konzils von Arles (314). In dem Dokument ist auch der Trierer Bischof Agritus als Teilnehmer aufgeführt.

Arles im Jahr darauf – über die Donatisten: „Wie es in den Prozessen der Heiden zugeht, haben sie Berufung eingelegt."

Warum aber sollten Anhörung und richterliche Entscheidung in Rom stattfinden? Konstantin gibt keinen Grund an. Aber auch zu dieser Entscheidung dürfte Bischof Hosius geraten haben; er sah die Bedeutung des römischen Bischof wohl nicht anders als die im Jahr darauf in Arles versammelten Bischöfe; die bekunden ihr Bedauern aber auch ihr Verständnis dafür, dass Silvester, der Nachfolger des Miltiades, nicht an ihrer Synode teilnahm, so: Du „konntest ja von den Orten nicht weggehen, wo die Apostel täglich <zu Gericht?> sitzen und ihr Blut unablässig die Herrlichkeit Gottes bezeugt". Und sie schreiben zuerst ihm, weil er „die größeren Dioezesen inne" habe und um „durch ihn allen <Bischöfen> bekannt zu machen," was beschlossen wurde.

Lateinische, zum Teil bei Augustinus erhaltene Akten zeigen, dass im Herbst 313 der römische Bischof und die drei aus Gallien nicht einfach als kirchlicher Gerichtshof zusammengetreten sind; vielmehr hat Miltiades nach für ihn offenbar selbst-

Die Sitze der Bischöfe in der ehemaligen Hagia Sophia in Iznik /Nicäa, das sogenannte Synthronon. Hier versammelte Kaiser Konstantin die Bischöfe zum Konzil von Nicäa, hier wurde das apostolische Glaubensbekenntnis formuliert.

verständlichem kirchlichen Rechtsbrauch eine Synode versammelt, indem er noch fünfzehn Bischöfe aus Italien einlud. Aber dadurch verschob sich die Zielsetzung; als diese italische Synode nun afrikanische Bischöfe vor sich hatte, trat offenbar die alte Streitfrage nach der Gültigkeit von außerhalb der Katholischen Kirche gespendeten Taufen, die über ein halbes Jahrhundert geschlummert hatte, wieder so ins Bewusstsein, dass man den Bischof Donatus zuerst befragte, wie er sich dazu stelle. Der „bekannte" sich nicht nur zur Meinung Cyprians sondern auch zu einer Praxis, die man in Rom als Wiedertaufe und „der Kirche fremd" betrachtete. Man kann verstehen, dass diese Stellungnahme in einer gesamtkirchlich so wichtigen Frage die weitere Diskussion in der Synode völlig beherrschte und der eigentliche Anlass für die von Konstantin angeordnete Gerichtssitzung so sehr zurücktrat, dass die Ankläger des Caecilian schließlich nicht mehr aussagen wollten, sondern sich beim Kaiser beklagten, sie seien überhaupt nicht gehört worden, die Synode aber zu dem Urteil kam, das als „sententia" des Miltiades in die Geschichte einging, Caecilian sei von den Donatisten in keinem Punkt überführt, ja nicht einmal mehr angeklagt worden; deshalb solle er „seiner kirchlichen Gemeinschaft in unverminderter Würde – integro statu – erhalten bleiben."

Dass Konstantin in einem langen Brief an den Beamten Aelafius, der für die Reise der streitenden afrikanischen Bischöfe zum Ort der neuen Synode, nämlich Arles in Südgallien, sorgen soll, über die römische Synode so berichtet, als ob er sie angeordnet hätte, beweist, dass er die Erweiterung des von ihm angeordneten Bischofsgerichts zu einer Synode noch in dem Rahmen sieht, den er dem römischen Bischof Miltiades nach Maßgabe des „verehrungswürdigsten Gesetzes" offen gelassen hatte. Aber wirklich wundern kann man sich, dass Konstantin, obwohl doch das römische Verfahren offenbar gerade wegen dieser Erweiterung sein Ziel verfehlt hatte, sich nun darauf einließ, eine noch größere Bischofsversammlung einzuberu-

fen. Er kam aber damit noch einmal den Donatisten entgegen; sie hatten beklagt, in Rom hätten einige ihre Vorstellungen durchgesetzt, ohne dass alles genau untersucht worden sei, was zu gerechter Urteilsfindung hätte untersucht werden müssen. Die Herstellung der <noch> größeren kirchlichen Öffentlichkeit soll also jetzt zum Ziel führen. Wiederum muss man Konstantins Optimismus bewundern; man kann darin nicht mangelnden Realitätssinn sehen, sondern den Beweis dafür, wie viel der Kaiser für die Einheit der Kirche einzusetzen bereit war, vor allem aber, dass er nun vom längst ausgebildeten kirchlichen Synodenwesen genaue Kenntnis hat und sich seiner bedienen will.

KONSTANTINS ALLZUSTÄNDIGKEIT

Dieser lateinisch überlieferte Brief an den sonst unbekannten Aelafius ist zwar an manchen Stellen schwer verständlich, aber durch eine mit „geheim“ eingeleitete sehr persönliche Nachbemerkung Konstantins aufschlussreich; er schreibt da: „Da ich bei mir sicher bin, dass auch du ein Verehrer des höchsten Gottes bist, bekenne ich deiner Ernsthaftigkeit, dass ich es keineswegs für rechtens halte, wenn solche Streitigkeiten und Auseinandersetzungen von uns unbeachtet gelassen würden; dadurch könnte nämlich die höchste Gottheit sich vielleicht bewegen lassen, nicht nur gegen das Menschengeschlecht, sondern auch gegen mich selbst, dessen Sorge sie durch himmlische Weisung die Verwaltung aller irdischen Dinge – terrena omnia moderanda – anvertraut hat, erzürnt etwas anderes zu beschließen als bisher. Dann nämlich kann ich wirklich vollkommen sicher sein und immer vom sehr geneigten Wohlwollen des allmächtigsten Gottes das Günstigste und Allerbeste erhoffen, wenn ich weiß, dass alle im geschuldeten Kult der katholischen Religion den allerheiligsten Gott in einhellig brüderlicher Ehrerbietung verehren.“

Da Konstantin mit der nun nach Arles einberufenen Synode die gleiche Absicht verfolgte wie mit dem in Rom geplanten Bischofsgericht, nämlich die Einheit der Kirche durch Versöhnung der streitenden Bischöfe wiederherzustellen, meint er mit „alle“ eben die Bischöfe; er enthüllt da nicht etwa einen Geheimplan, alle Reichsbewohner zu Christen zu machen. Seine Aufmerksamkeit scheint sich bis jetzt noch kaum auf die Gemeinschaft der Gläubigen gerichtet zu haben; er nimmt die Kirche einstweilen als Institution wahr. In seinem Brief an den römischen Bischof Miltiades hatte Konstantin wie nebenbei erwähnt, dass die Vorsehung ihm die afrikanischen Provinzen anvertraut hat; jetzt betont er, ihm sei die Leitung alles Irdischen übertragen. Er fühlt sich also jetzt auch schon für die östliche Reichhälfte zuständig, obwohl dort noch Licinius herrschte, mit dem er sich in Mailand verständigt hatte; ihm fühlte er sich offenbar überlegen; die Geschichte hat das bestätigt. Die indirekte Art, wie Konstantin bis dahin die Einheit der Kirche fördern wollte, hatte viel Zustimmung gefunden; wenn er sich aber für alles auf Erden zuständig fühlte, waren Eingriffe in das kirchliche Leben zu befürchten; die gab es dann wirklich, als er das ganze Reich beherrschte. Nachdem Konstantin erkennen musste, dass im Osten eine tiefere, den Glauben betreffende Spaltung alle Provinzen durchzog, ging er dazu über, ihm unversöhnlich erscheinende Bischöfe zu vertreiben.

Der schon erwähnte Brief der Synode von Arles an Papst Silvester bietet in Sachen Donatus gegen Caecilian nicht einmal ein so knappes Protokoll, wie es von der römischen Sitzung erhalten ist, sondern fasst nur zusammen: „Einen schweren und verhängnisvollen Verstoß gegen unser Gesetz und Tradition durch Menschen von zügellosem Geist hat die anwesende Autorität unseres Gottes und die Tradition und Wahrheitsregel so zurückgewiesen, dass sie keine Rede, keine Anklage keinen Beweis vorbringen konnten…“ Daraus lässt sich weder die Art des Verfahrens noch der Inhalt eines Urteils erkennen; außerdem erklären die Bischöfe, sie hätten nicht nur das behandeln wollen, wozu sie eingeladen waren, sondern sich auch mit Problemen des kirchlichen Lebens befasst und zuallererst beschlossen: „Weil einer für viele gestorben und auferstanden ist, soll das Pascha des Herrn auf dem ganzen Erdkreis an demselben Tag gefeiert werden!“

Spielstein mit christlichem Symbol.

Konstantin hat ihnen das nicht nur nicht übel genommen, sondern einerseits erklärt, „das Urteil der Bischöfe müsse eingehalten werden, als habe der Herr selbst geurteilt“, und andererseits den einheitlichen Ostertermin zu seinem eigenen Anliegen gemacht; jedenfalls hat er sich über ein Jahrzehnt später bei und nach dem Konzil von Nikaia mit Nachdruck dafür eingesetzt. Allerdings scheint er gemeint zu haben,

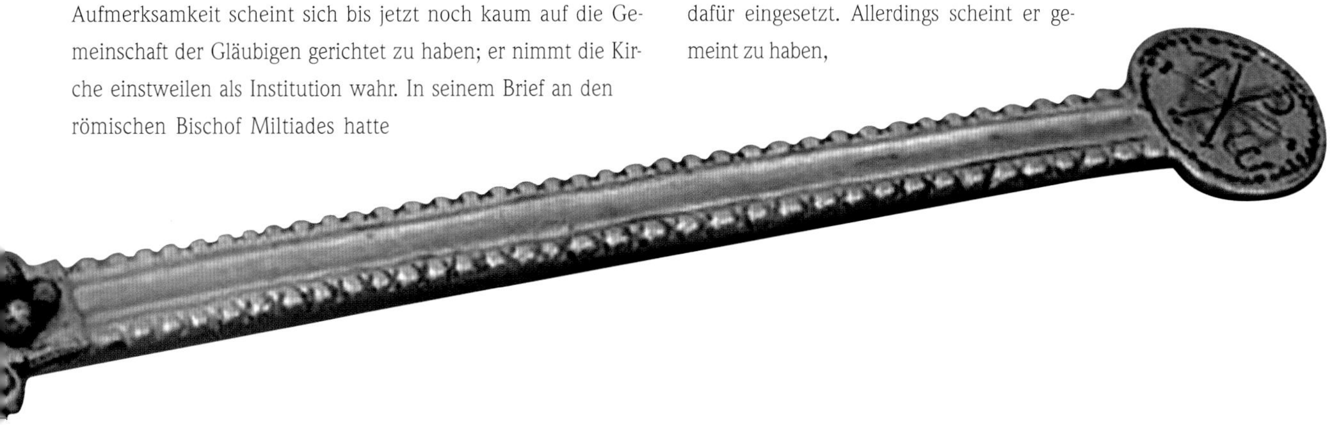

Weinsieb aus England. Im Herrschaftsbereich Konstantins war es nicht mehr gefährlich, Alltagsgegenstände mit christlichen Zeichen zu schmücken.

Die Reste der im 4. Jahrhundert erbauten Hagia Sophia in Iznik/Nicäa. Von Sultan Orhan zur Moschee umgebaut, ist das ehemalige Gotteshaus heute Ruine.

die Synode von Arles hätte mit ihrem Urteil in dem afrikanischen Streit einigen Erfolg gehabt; außerdem nahm er, wenn auch sehr widerwillig, eine neue Appellation der Donatisten an. Deren Starrheit versuchte er dann aber zu brechen, bis ihm klar wurde, dass er daran war, zum Donatistenverfolger zu werden. Das aber wollte er auf keinen Fall; so hat er nicht nur katholische Bischöfe zur Toleranz gemahnt, sondern auch einige überschwänglich gelobt, weil sie sich damit abfanden, dass die Donatisten eine Kirche besetzt hatten. Bei diesem afrikanischen Kirchenstreit hat Konstantin wohl nicht nur erkannt, welch hohes Gut die Einheit der Kirche ist, sondern auch Versöhnlichkeit oder Kompromissbereitschaft besonders schätzen gelernt. Allerdings hat er sich in seinen letzten Jahren mehr als einmal von wendigen, nur scheinbar verständigungsbereiten Gegnern des Glaubens(bekenntnisses) von Nizäa täuschen lassen.

Eine andere Erfahrung, die Konstantin in diesem Jahrzehnt im Westen gemacht hat und die sich nach der Vereinigung des ganzen Reiches sehr überzeugend zeigt, ist die der christlichen Brüderlichkeit. Zwar hatte der Kaiser schon im Jahr 314 „sehr lieben <christlichen> Brüdern“ (carissimis fratribus) einen Brief geschrieben, nämlich den Bischöfen, die er selbst zur Synode von Arles eingeladen hatte; aber das bedeutet wohl noch nicht, dass er sich als Bruder aller Christen verstand.

Amethyst mit dem Porträt Konstantins.

Ganz klar aber zeigt er sich als solchen in dem Brief an die Gemeinde (!) von Alexandrien, in dem er vom Ergebnis des Konzils von Nizäa berichtet. Da redet er die Empfänger nicht nur so an, sondern schreibt mit unverkennbarem Stolz: „Wie einer von Euch habe ich, der ich mich übers Maß freue, Euer Mitdiener (syntherapon) zu sein, mit den Bischöfen auch selbst die Erforschung der Wahrheit unternommen“. Er bezeichnet sich aber nicht – wie später Friedrich der Große – als Diener des Staates, auch nicht als einen von den Bischöfen, sondern als einen von denen, die den wahren Gott verehren. Trotz des Hinweises auf die Erforschung sagt er kein Wort über die gefundene Wahrheit; er mahnt nur zu Umkehr und Versöhnung; darauf kommt es ihm an. Den Glaubensinhalt hat er aber doch ausführlich und auf seine ganz persönliche Weise verteidigt, freilich nicht auf dem offenen Markt sondern in einem Schreiben an den Irrlehrer Arius; dass er ihn zur einen Kirche zurückführen wollte, kann man als Einzelseelsorge des Kaisers verstehen, der noch nicht getauft war, sich aber als Christ verstand.

Einen weiteren langen Brief hat Konstantin „an die Kirchen“ insgesamt geschrieben, um alle zur Feier des Osterfestes an einem gemeinsamen Tag zu verpflichten. „Denn was kann für uns (!) schöner und ehrwürdiger sein, als dass dieses Fest von dem wir (!) die Hoffnung auf die Unsterblichkeit empfangen haben, gemeinsam ohne Fehler in der Berechnung gefeiert wird?“ schreibt er; aber auch: „Einen einzigen Tag unserer Freiheit (=Erlösung), d.h. den des heiligsten Leidens, hat unser Heiland uns übergeben und er will, dass seine katholische Kirche eine ist.“ So zeigt der Kaiser seine persönliche Sichtweise und freut sich darauf, bei seinen längst geplanten Besuchen im Osten „mit allen an ein und demselben Tag das heilige Fest zu feiern.

TRIER – KAISERLICHE RESIDENZ UND KIRCHLICHE METROPOLE

Prof. Dr. Winfried Weber

In der von Decimus Magnus Ausonius verfassten „Rangfolge der vornehmsten Städte“ des römischen Reiches wird, beginnend mit dem als caput mundi geltenden Rom, schon an sechster Stelle Trier genannt, jene Stadt, in die der aus Bordeaux stammende gefeierte Lehrer der Beredssamkeit von Kaiser Valentinian I. um 365 berufen worden war:

„Längst will Gallien schon, das so waffengewaltige, gerühmt sein, auch der Thron der Trevererstadt, die, obgleich ganz nahe dem Rhein, sicher wie im Schoße des tiefsten Friedens ruht, denn sie nährt, denn sie kleidet und waffnet des Reiches Kräfte.

Weit dehnen sich vor gestreckter Höhe die Mauern hin, breit zieht in ruhigem Fluß die Mosel vorbei,mit fernen Waren der alles erzeugenden Erde beladen.“

Mit diesen blumigen Wort rühmt Ausonius die Stadt Trier in ihrer glanzvollsten Periode am Ende des 4. Jahrhunderts, ehe wenige Jahrzehnte später in den Wirren der Völkerwanderung der Ruhm vergangen und die Stadt mehrfach zerstört war. Doch wie kam es zu dieser Ehrenstellung Triers? Unter Augustus gegründet, erlebte die Augusta Treverorum dank der günstigen Verkehrsbedingungen auf der schiffbaren Mosel mit einer festen Brücke (Römerbrücke) und den gut ausgebauten römischen Strassen mit ihren wichtigen Verbindungen zum Rhein einen raschen wirtschaftlichen und politischen Aufstieg, so dass schon im 1. Jahrhundert der römische Geograph Pomponius Mela Trier eine urbs opulentissima nennen konnte. So verwundert es nicht, dass bereits im Laufe des 2. Jahrhunderts eine Ausweitung des Stadtareals erfolgte, nunmehr gesichert von einer 6,4 km langen turmbewehrten Stadtmauer mit mehreren repräsentativen Toren, von denen heute noch das Wahrzeichen der Stadt, die so genannte Porta Nigra, als eines der besterhaltendsten römischen Stadttore überhaupt ein eindrucksvolles Zeugnis gibt. Die Stadt besaß eine ausgezeichnete Infrastruktur, ein gut ausgebautes Straßenraster, ein Forum, eine repräsentative Thermenanlage (Barbarathermen), ein Amphitheaters, einen Circus und weitere Großbauten neben zahlreichen Tempeln und Heiligtümern. Im Norden und Süden lagen vor der Stadtmauer weit ausgedehnte Gräberfelder mit mo-

Die Konstantin-Basilika in Trier – heute Kirche zum Erlöser – spiegelt mit ihren imperialen Dimensionen den Herrschaftsanspruch des Kaisers auch in Trier.

numentalen Grabdenkmälern, die vom Reichtum ihrer Inhaber kündeten.

Noch während dieser Ausbauphase der Stadt änderten sich die für das Trierer Land bis dahin weitgehend friedlichen Verhältnisse: Immer wieder durchbrachen germanische Stämme die Rheingrenze, und als dann die rechtsrheinischen Gebiete verloren gegangen waren, wurde die Situation immer bedrohlicher, zumal auch ein wirtschaftlicher Niedergang einsetzte. In dieser unsicheren Situation gründeten römische Heerführer in der Mitte des 3. Jahrhunderts das so genannte gallische Sonderreich, dessen Hauptresidenz wohl Trier mit einer eigenen Münzprägestätte gewesen ist. Als nach der Beseitigung des „Sonderreiches" im Jahr 275/76 die Franken und Alamannen die Rheingrenze durchbrachen und plündernd tief nach Gallien zogen; ist wahrscheinlich auch Trier nicht verschont worden.

Kaisergattin Fausta. Es war eine politische Heirat. Wegen eines angeblichen Verhältnisses mit ihrem Stiefsohn Crispus ließ Konstantin sie wohl beide hinrichten.

Schien damit das Ende der Augusta Treverorum gekommen zu sein, so erlebte Trier dank der Neuordnung des Reiches unter Kaiser Diokletian (284–305) eine neue Blütezeit und erhielt seine herausragende Stellung als kaiserliche Residenz. Schon der von Diokletian zunächst als Caesar (Unterkaiser) und im Jahre 286 zum Augustus erhobene M. Aurelius Maximianus hielt sich mehrfach in der Stadt auf, die er offenbar als einer seiner bevorzugten Residenzorte auszubauen gedachte. Die andauernde Gefährdung der Grenzen und immer wieder aufkommende Unruhen erforderten schließlich im Jahre 293 zur Unterstützung der Augusti die Ernennung neuer Caesares und die Einrichtung einer Tetrarchie. Als Caesar des Westens wurde der Offizier Constantius Chlorus, der Vater Konstantins, ausgewählt Ihm wies man Gallien, die germanischen Provinzen und Britannien zu, nach 305, als Constantius Chlorus zum Augustus aufstieg, auch noch die spanischen Provinzen. Die alte Augusta Treverorum, die in der Spätantike ‚Treveris' hieß, war aber nicht nur eine der vier kaiserlichen Residenzen, sondern zugleich Sitz vieler neuer Verwaltungsstellen und nunmehr offizielle Münzprägestätte. Um aus Trier eine repräsentative und allen Bedürfnissen entsprechende Residenz zu machen, wurde von Constantius Chlorus das bereits unter Maximian begonnene Bauprogramm fortgeführt, von dem noch heute die Kaiserthermen und vor allem die sogenannte Palastaula (Basilika) als herausragende Beispiele spätantiker Großbauten imperialen Ausmaßes einen Eindruck vermitteln.

Als nach dem plötzlichen Tod des Constantius Chlorus im Jahre 306 die Soldaten im englischen York den Sohn Konstantin ungeachtet der von Diokletian in der Tetrarchie vorgesehenen Rangordnung zum Kaiser ausriefen, wurde Trier für viele Jahre seine Hauptresidenz und Ausgangspunkt des politischen Aufstiegs, dort wo er auch im Jahre 307 Fausta, die Tochter des Maximinian ehelichte. Als Ausdruck seines Machtanspruches führte Konstantin das imperiale Bauprogramm in Trier zunächst unvermindert fort.

Man darf wohl sagen, dass Trier ohne diesen Glücksfall der Geschichte nicht diese herausragende Stellung erreicht und nicht seine monumentalen, noch heute staunenswerten Bauten erhalten hätte. Erst der Sieg Konstantins über Maxentius 312 und schließlich die Eroberung der Osthälfte des Reiches 324 ließen mit dem Plan der neuen Hauptstadt Konstantinopel die Bautätigkeiten in Trier erlahmen, so dass manches in konstantinischer Zeit Begonnenes unvollendet blieb: So wurde die Palastaula, deren Baubeginn wohl schon unter Maximian erfolgte, erst um die Mitte des 4. Jahrhunderts fertiggestellt, während die Kaiserthermen gar als Bauruine liegen blieben; sie wurden erst in der 2. Hälfte des 4. Jahrhunderts weitergebaut und wohl zur Kaserne der Palastgarde umgestaltet.

Wenn aber die Palastaula (Basilika) zur Zeit Konstantins nur im Rohbau stand und auch der ganze übrige Palastbereich so lange Baustelle gewesen war, dann müssen die Wohnareale des kaiserlichen Palastes in dieser Zeit an anderer Stelle gelegen haben. Ob dazu die unter dem Trierer Dom ergrabenen Wohnbauten gehören, ist nicht sicher zu belegen, auch wenn die mittelalterliche Tradition davon spricht, dass die Kaisermutter Helena dem Trierer Bischof Agritius ihren Palast zum Bau der Kirche geschenkt habe. Die Ausgrabungen im Bereich der Domanlage erbrachten die Überreste von Wohngebäuden, die im frühen 4.Jahrhundert umfangreich renoviert wurden. Besonders bemerkenswert ist jenes ca. 10 x 7 m große Zimmer, das 1945/46 etwa 3,50 m unterhalb des heutigen Domfußbodens ergraben wurde. Ringsum lief am oberen Rand der Wände ein Schrägband um, das mit Rankenmalereien verziert war und die durch 15 aufgemalte Kassetten gegliederte Decke rahmte. In den Kassettenfeldern des Deckenbildes, das aus vielen tausend Fragmenten wieder zusammengesetzt wurde und heute ein Prunkstück der Sammlungen des Bischöflichen Dom- und Diözesan-

Erotenpaar. Ausschnitt aus der monumentalen Deckenmalerei aus konstantinischer Zeit, die unter dem Trierer Dom gefunden wurde.

Die Sarkophage mit den Gebeinen der Trierer Gründerbischöfe Eucharius und Valerius werden in der Krypta der Abteikirche St. Matthias in Trier verehrt. Die Basilika wurde über einem römischen Gräberfeld errichtet.

Rekonstruktion der 40 x 30 Meter großen Agritius-Basilika in Trier (Innen- und Außenansicht), dem ältesten nachweisbaren Kirchbau nördlich der Alpen. Die dreischiffige Kirche wurde erweitert unter Bischof Maximin zu einer Kirchenanlage mit wahrhaft imperialen Ausmaßen.

museum darstellt, sind sieben Erotenpaare zu sehen, ein Bildfeld zeigt das Liebespaar Eros und Psyche. In den übrigen sieben Feldern sind überlebensgroße Brustbilder dargestellt. Drei zeigen Philosophen oder Dichter, während in den restlichen vier Bildfeldern reich geschmückte weibliche Gestalten dargestellt sind. Auffallenderweise ist ihr Haupt von einem blassblauen Lichtkranz (Nimbus) umgeben, dem in der römischen Bildkunst eine besondere Bedeutung zukommt. Er gilt als Attribut göttlicher Gestalten, ist zuweilen Personifikationen eigen und dient schließlich zur Charakterisierung des spätantiken Herrscherbildes; bei keinem römischen Privatporträt durfte man sich dieses Attributs bedienen. Während drei der weiblichen Gestalten auf der Trierer Decke sicherlich als Personifikationen zu bezeichnen sind, könnte in dem Mittelbild der Decke in der Frau mit dem goldenen Henkelkelch durchaus ein Porträt zu erkennen sein, da der Maler nur diese Gestalt mit einer im 3. und 4. Jahrhundert üblichen Modefrisur (Scheitelzopffrisur) wiedergegeben hat. Demnach müsste hier eine Kaiserin, wohl Konstantins Gattin Maxima Fausta, dargestellt sein, umgeben von Symbolgestalten, die als Wohlergehen, Bildung und Reichtum die am kaiserlichen Hof propagierte felicitas temporum, das segensreiche Zeitalter, verdeutlichen. Da Fausta im Jahre 326 auf Befehl Konstantins wegen Ehebruchs getötet wurde, müssten die Deckenmalereien vor 326 ausgeführt worden sein.

Nicht nur das Porträt der Kaiserin und das Programm der Decke, sondern auch die hervorragende Qualität der Malerei lassen es durchaus möglich erscheinen, dass dieser zu einem Peristylhaus gehörige kleine Saal ein Teil des kaiserlichen Wohnbereichs war. Wenn dem so ist, dann würde dadurch ein historischer Kern der im 9. Jahrhundert entstandenen Legende vom Dom als dem „Haus der Heiligen Helena" erkennbar. Dass man im Mittelalter von der Heiligen Helena, der Mutter des Kaisers, sprach und nicht von der des Ehebruchs verdächtigten Fausta, ist verständlich. Die Qualität dieser Malereien zeigen ebenso wie die in Trier zahlreich gefundenen spätantiken Mosaiken den Ausstattungsluxus der Wohngebäude dieser Stadt, die trotz der Gründung der neuen Residenz Konstantinopel durch Konstantin dennoch für seine Söhne Trier weiterhin Wohnsitz und Residenz blieb.

Eine bedeutende Rolle kam auch der Christengemeinde Triers zu, die unter Constantius Chlorus nach dem Zeugnis des Laktanz während der diokletianischen Christenverfolgung weitgehende Duldung und schließlich unter seinem Sohn Konstantin großzügige Förderung erfuhr. Schon im letzten Drittel des 3. Jahrhunderts hat die Trierer Christengemeinde einen Bischof. Die überlieferte Trierer Bischofsliste beginnt mit den Bischöfen Eucharius und Valerius, deren Gräber noch heute im Bereich des ehemaligen südlichen Gräberfeldes in der Krypta der St. Matthiasbasilika verehrt werden.

Mit dem von Kaiser Galerius 311 erlassenen Toleranzedikt, das die Duldung der christlichen Religion im ganzen Reich verfügte, und durch die zwischen Licinius und Konstantin in Mailand im Februar des Jahres 313 getroffene Vereinbarung war den Christen die volle Kultfreiheit und Gleichstellung mit allen anderen Religionen gegeben worden. Bischof Eusebius von Caesarea berichtet in der Vita Constantini, Konstantin habe außerdem Anweisungen erteilt, „die Bethäuser höher zu bauen und die Kirchen Gottes breiter und länger zu machen"; das Geld dazu sei aus dem kaiserlichen Schatz bereitzustellen. Eusebius versichert, alle Bischöfe hätten Briefe des Kaisers erhalten, in denen er sie aufgefordert habe, an allen Orten darauf zu achten, dass man auf den Bau der Kirchen „alle Sorgfalt verwende und die bestehenden entweder wiederherstelle oder größer mache oder aber, wo es nötig ist, ganz neue baue." Demgemäss müsste auch Agritius, der 314 als Trierer Bischof an dem Konzil in Arles teilnahm, ein solches kaiserliches Schreiben erhalten haben!

Der kaiserlichen Gunst verdankte die Trierer Christengemeinde auch eine bereits im 2. Jahrzehnt des 4. Jahrhunderts errichtete dreischiffige Basilika, deren Reste in den Jahren 2000/03 Jahren freigelegt und unter dem neuen Gebäude der Dominformation konserviert wurden. Es ist bislang der älteste nachweisbare Kirchenbau nördlich der Alpen und somit ein einzigartiges Denkmal kirchlicher Baukunst. Die umfangreichen archäologischen Ausgrabungen haben gezeigt, dass seit dem 2. Jahrhundert hier stehende Wohngebäude einplaniert wurden. Auf der mindestens 1200 qm großen Baufläche entstand nun eine dreischiffige, etwa 40 m lange und 30 m breite Basilika.

Wenn dieser sicher vor 320 errichtete Trierer Bau als frühchristliche Kirche bezeichnet werden darf, dann müsste es die Bischofskirche des Agritius gewesen sein. Auch in Trier wird also ein basilikaler Raum als Kirchengebäude gewählt, so wie Konstantin in Rom als erste Kirchengründung wohl um 313/315 die Salvatorkirche als Bischofskirche (erst seit dem Mittelalter S. Giovanni in Laterano genannt) als basilikales Gebäude errichten ließ, wenn auch dort fünfschiffig und viel größer.

Unter Bischof Maximinus (335/336–347) wurde diese erste frühchristliche Kirche Triers zu einer gewaltigen, schließlich vier Basiliken umfassenden Kirchenanlage mit einem zentral gelegenen, 64 qm großen Baptisterium (Taufhaus) erweitert. Den Ausbau dieser H-förmigen Kirchenanlage hat der von Alexandria nach Trier verbannte Kirchenvater Athanasius nach seinem eigenen Zeugnis miterlebt. Diese Kirchenanlage zählte nunmehr zu den größten in konstantinischer Zeit errichteten Kirchenbauten, soweit sie uns heute bekannt sind. Die liturgische Zweckbestimmung der einzelnen Raumteile ist bislang unbekannt. Bemerkenswert ist eine wohl in den 40er Jahren des 4. Jahrhunderts erfolgte Veränderung in der Südostbasilika (im Bereich der heutigen Liebfrauenkirche): Ihr höher liegender Rechteckchor wurde durch eine gemauerte Schranke abgetrennt. In diese Mauer, die in der 2. Hälfte des 4. Jahrhunderts erneuert und um ein Stück weiter nach Westen versetzt wurde, sind von den Kirchenbesuchern Graffiti eingeritzt worden, darunter Namen, VIVAS-Akklamationen und mehrere große Christogramme. Dieser Befund sichert die Deutung der gesamten Anlage als christlichen Kultbau. Die Graffiti sind Zeugnisse von Christen, die es für wichtig hielten, an diesem Ort ihre Bekenntnisse und kurz gefassten Gebete dauerhaft in den Verputz einzuritzen: MARTI VIVAS IN DEO XP SEM[PER] (Martius, Du mögest für alle Zeit leben in Gott Christus), oder EVSEBI VIVAS IN XP (Eusebius, Du mögest leben in Christus), oder der Graffito eines griechisch Schreibenden: [A] XP ω [...B]OHΘE BIKTΩ[...] (Christus, Anfang und Ende, hilf dem Viktor). Die beiden dem Christusnamen gelegentlich hinzugefügten Buchstaben A und ω - erster und letzter Buchstabe im griechischen Alphabet - betonen die Gottheit Christi, denn in der Apokalypse heißt es: „Ich bin das Alpha und das Omega, der Anfang und das Ende“ (21,6). Die Verbindung des Christusmonogrammes mit den beiden die Allmacht Gottes umschreibenden Buchstaben betont die Wesensgleichheit des Sohnes mit dem Vater und kann damit auch als eine Stellungsnahme gegen die Lehre des Arius verstanden werden. Dies wirft ein Schlaglicht auf die in Trier mit besonderer Brisanz geführten religionspolitischen Auseinandersetzungen. Der Grund, weshalb die Kirchenbesucher an dieser Stelle Graffiti anbrachten, ist rätselhaft. Normalerweise finden sich solche Graffiti im 4. Jahrhundert nur an hochverehrten Kultstätten. Da für Trier keine antike schriftliche Überlieferung vorliegt, die ein besonderes Heiligtum bezeugt, ist man auf Spekulationen angewiesen. Die Lage der Kirche in der Stadt schließt eine Grabstätte aus; allerdings besteht die Möglichkeit, dass auch in Trier schon in der Mitte des 4. Jahrhunderts eine Kreuzreliquie vorhanden war.. Dies würde auch die ausschließlich an Christus gerichteten Akklamationen erklären. Da beide Schranken keine Mittelöffnung besaßen, hatten sie offensichtlich nur die Funktion, einen besonderen Bereich abzutrennen; dies würde ebenfalls für ein hier aufbewahrtes „Heiligtum“ sprechen, was auch immer es gewesen sein mag.

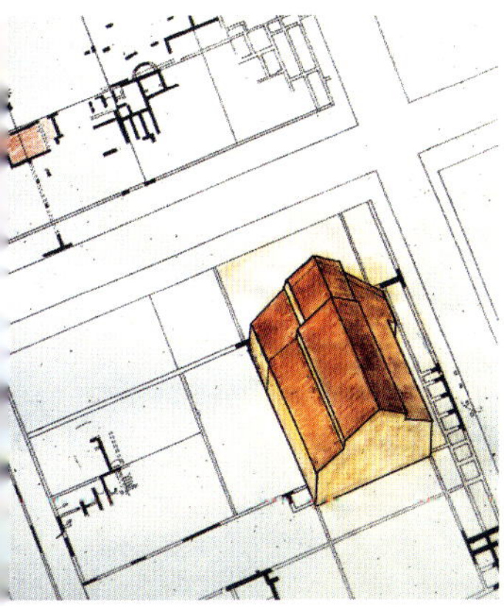

Erste, unter Bischofs Agritius errichtete Kirche in Trier, heute in Resten unter der Dominformation zu besichtigen.

Im Bereich der Nordostbasilika wurde in der Mitte des 4. Jahrhunderts jener „Quadratbau“ begonnen und nach einer Bauunterbrechung um 380 vollendet, der noch heute den bis 25 m hoch erhaltenen, an seinem Mauerwerk noch deutlich als römisch erkennbaren Kernbau des Trierer Domes bildet, um den die folgenden Jahrhunderte das unverwechselbare Bauensemble bildeten, das den Trierer Dom neben der Liebfrauenkirche als UNESCO-Weltkulturerbe auszeichnet. Vier mächtige, etwa 12 m lange und etwa 65 t schwere Granitsäulen wurden in seinem Innern aufgestellt; sie waren in einem antiken Steinbruch des Odenwaldes, dem heutigen „Felsenmeer“, gebrochen und über 350 km auf dem Rhein und der Mosel nach Trier transportiert worden. Es war dies eine Aufgabe, die nur Steinmetze durchführen konnten, die in der Bearbeitung von hartem Gestein erfahren waren, von Transporteuren, die solche Schwerlasten bewegen konnten, und von Bauleuten, die schließlich die Säulen aufzurichten wussten. Letztendlich konnte dies wiederum nur dank einer großzügigen kaiserlichen Förderung bewältigt werden. Auf den vier Granitsäulen mit weißen Marmorkapitellen und Kämpferplatten ruhte eine gewaltige Schwibbogenkonstruktion. Dreißig mit Glas verkleidete große Fenster spendeten diesem „Quadratbau“ Licht, dessen Innenwände bis zur den unteren Fensterbänken mit Marmor verkleidet, in den oberen Bereichen mit Mosaik verziert waren.

Neben diesem bischöflichen Kirchenzentrum sind in Trier aus konstantinischer Zeit keine weiteren Kirchenbauten sicher zu belegen. Doch haben sich auf den Gräberfeldern der antiken Stadt bedeutende frühchristliche Zeugnisse erhalten. In der antiken Welt hatte die Sorge um ein würdiges Begräbnis einen großen Stellenwert, doch es galt, die Welt der Lebenden von derjenigen der Toten zu trennen. So verbot schon im 5. Jahrhundert v. Chr. in Rom das Zwölftafelgesetz die Bestattung innerhalb der Stadt, und so lagen wie in Rom auch in Trier die Gräber außerhalb der Stadtmauern, hauptsächlich zu beiden Seiten der großen Ausfallstrassen nach Norden und nach Süden. Dabei war man be-

Der Trierer Noah-Sarkophag (Sandstein) zeigt die mit Tieren gefüllte kastenförmige Arche mit der Familie Noahs. Ein Beleg, dass es auch in der begüterten Bevölkerung, die sich einen solchen Steinsarkophag leisten konnte, Christen gab.

strebt, möglichst einen Grabplatz dort zu erhalten, wo man die Aufmerksamkeit der Vorübergehenden fand, um im Gedächtnis der Nachfahren zu bleiben. Dies ist auch der Grund für die Aufrichtung der vielen aufwändigen Grabdenkmäler, die in ihren Reliefs nicht nur in mythologischen Szenen die Hoffnung auf ein glückliches Leben im Jenseits zum Ausdruck bringen, sondern gleichermaßen erfolgreichen Tun und dem gesellschaftlichen Rang des Verstorbenen künden, so beispielsweise die so genannte Igeler Säule oder die berühmten Neumagener Grabdenkmäler.

Auf den Trierer Gräberfeldern sind, obwohl eine christliche Gemeinde sicher für die zweite Hälfte des 3. Jahrhunderts angenommen werden muss, keine christlichen Bestattungen dieser Zeit zu identifizieren; erst seit dem 4. Jahrhundert ist dies möglich, nachdem man dazu überging, die ein oder andere Grabstätte mit einer Inschrift auszustatten. Die vielen hundert frühchristlichen Inschriften, geben auch zuweilen Auskunft über Struktur und die kirchliche Organisation der Gemeinde, da gelegentlich bestimmte kirchliche Ämter (Ostiarier, Subdiakon, Diakon, Presbyter) genannt werden; eine Bischofsinschrift fehlt bislang. Die christlichen Bestattungsbräuche scheinen sich zunächst nicht von den heidnischen wesentlich unterschieden zu haben. Aufwändig war die Beschaffung eines Steinsarkophages. Schon der kilometerweite Transport der links der Mosel zwischen Aach und Kordel gebrochenen tonnenschweren Sandsteinblöcke lässt den großen Aufwand erahnen. Die große Zahl der gefundenen Sarkophage erlaubt die Vermutung, dass es in der spätantiken Stadt eine recht große Bevölkerungsgruppe gegeben haben muss, die sich diesen Aufwand leisten konnte.

Während auf den Gräberfeldern also die Mehrzahl der Steinsarkophage in Grabgruben eingesenkt wurden, gab es aber auch die Möglichkeit, den Verstorbenen mit seinem Sarkophag in einem Grabgebäude beisetzen zu lassen, von denen es verschiedene Formen gibt. Ein gut erhaltenes Beispiel in Tempelform ist das so genannte „Grutenhäuschen“, heute inmitten eines Weinbergers an der Strasse von Igel nach Wasserbillig gelegen und vor kurzem rekonstruiert. Reste solcher Grabgebäude wurden auf veschiedenen Gräberfeldern Triers gefunden.

Die wenigen Beispiele figürlicher Sarkophage aus Trier sind sicherlich in solchen Grabgebäuden aufgestellt gewesen, denn nur dort waren sie von den Friedhofsbesuchern zu sehen. Als ein eindrucksvolles Beispiel frühchristlicher Bildkunst gilt der vom südlichen Gräberfeld stammende Trierer Noah-Sarkophag. Er trägt auf einer seiner Langseiten ein Relief, das die Arche des Noah zeigt. Auf dem Rand der Arche sind miniaturhaft verschiedene Tiere wiedergegeben: Storch, Eule, Pferd, Löwe, Schaf, Hund und Eber sowie drei weitere Vögel. Während die Darstellung des Noah und seine Arche in der frühchristlichen Kunst recht häufig vorkommt, ist das ungewöhnlich figurenreiche Trierer Bild in der spätantiken Sarkophagplastik ohne Parallele. Dies spricht dafür, dass es eine einheimische Trierer Steinmetzwerkstatt war, die um 300/310 n. Chr. für einen christlichen Auftraggeber diesen Sarkophag arbeitete. Ein zweiter Sarkophag in der Krypta von St. Maximin zeigt Adam und Eva und die drei Jünglinge im Feuerofen; in der Mittelszene ist wohl der Gute Hirte dargestellt.

Wurde einst Wert darauf gelegt, das Grab möglichst an einer Stelle anzulegen, wo man sich der Aufmerksamkeit der Vorbeikommenden sicher war, so scheint man bei den christlichen Gräbern bemüht gewesen zu sein, möglichst nahe bei denjenigen bestattet zu werden, von denen man sich eine Fürsprache versprach. Die 1823 neben der Trierer Paulinuskirche aufgefundene Grabinschrift des Subdiakons Ursinianus weist ausdrücklich darauf hin, dass es der Verstorbene verdient habe, den Gräbern der Heiligen beigesellt zu werden (...“qui meruit sanc-

torum sociari sepulcra), eine Formulierung, die sich auch bei anderen Inschriften dieses Friedhofes findet, dort, wo der Leichnam des in der Verbannung verstorbenen Trierer Bischof Paulinus bestattet war. Eine besondere Verehrung der Gräber der Märtyrer und Heiligen war in Rom und andernorts seit dem 2. Jahrhundert üblich geworden, und man hatte begonnen, über den Bestattungsorten und Gedächtnisstätten Altäre und Memorialbauten zu errichten, um hier der Heiligen zu gedenken und sie im Gottesdienst als Fürsprecher anzurufen. So dürften auch im frühchristlichen Trier zunächst die Gräber der Bischöfe die bevorzugten Orte der Verehrung gewesen sein. Auch die Grabstätte der Gründerbischöfe Eucharius und Valerius auf dem südlichen Gräberfeld wurde in der Mitte des 5. Jahrhunderts von Cyrillus (er war Trierer Bischof von etwa 446/47 bis 475/76) wieder in Ordnung gebracht und ein Altar zur Feier der Jahrgedächtnisse errichtet. Es spricht vieles dafür, dass es jene Stelle in der Krypta der St, Matthiaskirche ist, an der noch heute die Gräber der beiden Bischöfe verehrt werden.

Bemerkenswert ist auch der unter der ehemaligen Benediktinerabteikirche St. Maximin freigelegte und konservierte frühchristliche Coemeterialbau (Friedhofsbau), der mit etwa 100 m Länge mit den Coemeterialbasiliken Roms vergleichbar ist. Hier wurden die Gräber der Bischöfe Agritius und Maximin verehrt. Wenige hundert Meter weiter nördlich lag im Bereich der heutigen Paulinuskirche der Grabbau des Bischofs Paulinus (346–358).

Gerätschaften des Alltagslebens und Schmuck mit christlichen Inschriften, Symbolen oder Bildern gibt es, seitdem die christliche Bildkunst entstand. Mit der Hinwendung Konstantins zum Christentum und seiner immer stärker hervortretenden Förderung der christlichen Kirche erschienen auch auf den Münzen, die seit jeher als Propagandamittel der Herrschenden eine besondere Rolle spielten, allmählich christliche Symbole. Doch sind die Münzen mit Christusmonogramm unter Kaiser Konstantin noch selten. Auffallend ist eine besondere Münzemmission, bei der auf der Rückseite das Christogramm zwischen A und ω dargestellt ist. Sie wurde in Trier im Jahre 353 unter den heidnischen Usurpatoren Magnentius und Decentius geprägt, wohl deshalb, um aufgrund der schwierigen politischen Situation zusätzliche Anhänger zu gewinnen. In der zweiten Hälfte des 4. Jahrhunderts, nachdem nunmehr die christliche Kirche zu einem wichtigen Machtfaktor geworden war, treten immer häufiger Münzen mit christlichen Symbolen auf; meist sind es auf den Rückseiten die stereotypen Darstellungen des stehenden Kaisers mit dem Labarum, dem Feldzeichen Konstantins mit dem Christusmonogramm. Die Verwendung christlicher Symbole im täglichen Leben bezeugen auch die zahlreichen Bleiplomben und Spielsteine mit Christogramm, die immer wieder als Kleinfunde aus dem Trierer Boden geborgen werden; selbst auf römischen Gewichten finden sich christliche Zeichen.

Alltagsgerätschaften wie Lampen, Gefäße aus Ton, aber auch kostbares Tafelgeschirr weisen ebenfalls immer wieder christliche Symbole oder Bilder auf. Als Grabbeigabe wurde 1870 in einem Sarkophag, der in Trier-Pallien beim Bau der Eisenbahnlinie freigelegt wurde, eine flache halbkugelige Schale aus gelblich-grünem Glas gefunden, in deren Außenseite die alttestamentliche Szene des Abrahamopfers eingeritzt ist. Bemerkenswert ist, dass offenbar die Werkstatt dieser Schalen auch für nichtchristliche Kunden gearbeitet hat, denn es gibt dieselben Schalen auch mit heidnischen Bildern. Eine im Keller des Amphitheaters gefundene Elfenbeinpyxis gehört zwar bereits dem 5. Jahrhundert an, doch zeigt sie immer noch dieselben Darstellungen, wie sie auch zur Zeit Konstantins üblich waren: das Abrahamsopfer, Daniel in der Löwengrube und die drei Jünglinge im Feuerofen.

Zwar hatte Trier nach einer kurzen Unterbrechung in der Regierungszeit Kaiser Julians nochmals unter Kaiser Valentinian I. und seinem Sohn Gratian seine Stellung als Kaiserresidenz zurückgewinnen können, doch begann mit der Ermordung Gratians (383) das unaufhaltsame Ende. Schließlich verlegte Kaiser Theodosius um 395 die Präfektur nach Arles; der Kaiserhof war bereits früher nach Mailand übergesiedelt. In der ersten Hälfte des 5. Jahrhunderts wird Trier nach dem Zeugnis des Salvian von Marseille viermal zerstört und fiel gegen 475 endgültig in fränkische Hand. Insbesondere um den Bischofssitz, aber auch im Bereich der römischen Großbauten bildeten sich in der zerstörten Stadt neue Siedlungskerne, aus denen die mittelalterliche Stadt entstand. Träger der geschichtlichen Kontinuität war in diesen unruhigen Zeiten vor allem der Bischof; die kirchliche Verwaltung übernahm zahlreiche Aufgaben der einstigen staatlichen Organisationen. So weist die Trierer Bischofsliste auch bis heute keine größeren Unterbrechungen auf und es verblieb auch das kirchliche Zentrum mit der Trierer Domkirche an dem Ort, an dem einst die frühchristliche Kirche entstand.

Im 4. Jahrhundert entstanden die ersten als christliche Versammlungsgebäude geplanten Gebäude: die „Erfindung“ der christlichen Kirchengebäude. Weil es keine Vorbilder gab, griff man auf vorhandene Bautypen zurück, vor allem die antike Markthalle.

Rom, Lateranbasilika,
Bischofskirche von Rom

Bethlehem,
konstantinische Geburtskirche

Trier, frühchristliche Kirchenanlage (Dom)

Trier, frühchristlicher Coemeterialbau
im Bereich von St. Maximin

Rom, St. Peter

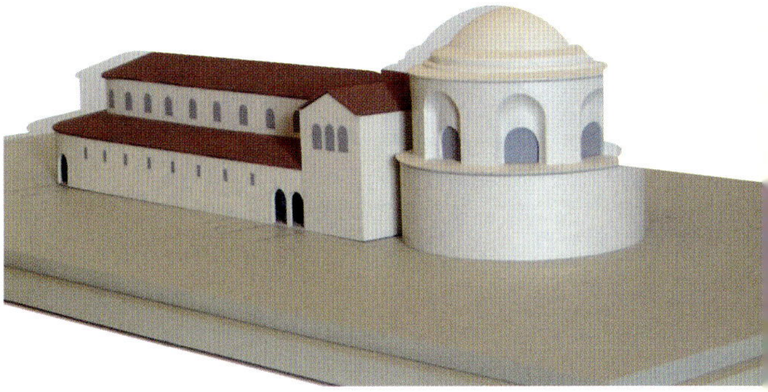

Rom, St. Marcellino e Pietro
und Helena-Mausoleum

Jerusalem, Grabeskirche

DAS IMPERIUM ROMANUM UND DAS MODERNE EUROPA

Jürgen Doetsch, Direktor der Katholischen Akademie Trier

Ein Vergleich des modernen Europa mit dem antiken Imperium Romanum stößt auf vielfältige Schwierigkeiten in Raum und Zeit, weil nichts, was verglichen werden soll, sich so in der Geschichte oder im territorialen Raum einfach wiederfindet. Dennoch ist ein Rückblick auf das, was das Römische Reich ausmachte, sinnvoll, um zu Faktoren zu kommen, die dem heutigen Europa beziehungsweise der Europäischen Union für seine Entwicklung nützlich sind. Der Gedanke an den Kontinent Europa als eine Union von Staaten liegt im Streit mit den nationalen Identitäten der einzelnen Länder. Der Franzose denkt zunächst an Frankreich, der Deutsche fühlt sich als Deutscher. In den jungen Mitgliedsländern der Europäischen Union in der Mitte und im Osten Europas gibt es neben der Begeisterung für Europa einen Aufschwung des Nationalgefühls. Europapolitiker und nicht zuletzt der um die EU hochverdiente Dr. Helmut Kohl wusste als deutscher Bundeskanzler (1982–1998) stets den Stolz auf das Eigene und die Herkunft zu verbinden mit der Vision für das politisch Eigentliche – die Vollendung des Europäischen Hauses. Papst Johannes Paul der Große (1978–2005) hat seine polnische Herkunft nie geleugnet und war trotzdem mit Beginn seines Pontifikates bemüht, die ideologische Trennung des europäischen Kontinents in West und Ost zu überwinden. In Deutschland bekommt dies mit der Öffnung der Berliner Mauer ab dem 9. November 1989 ein Datum, das in der Erinnerung eines Volkes bleiben wird und bleiben muss. Der Fall des Eisernen Vorhangs zwischen dem demokratischen Westen und dem kommunistischen Osten Europas und letztlich der unblutig errungene Sieg der Demokratie haben die Menschen aufatmen lassen. Der Papst brachte es ins Bild, dass Europa nunmehr endlich wieder mit beiden Lungen atmen kann. Wie ein unerwartetes Geschenk wurde

Außenansicht der Hagia Sophia mit den nachträglich angebauten Minaretten. Ob das von Konstantin umbenannte Byzanz, das heutige Istanbul, zum Imperium Romanum gehört, war für Konstantin keine Frage. Er regierte das römische Reich von der heutigen Türkei aus.

den Menschen der freie Blick vom Atlantik bis in die Weiten Russlands geschenkt. Die Aufklärung wurde fast nebenbei belehrt, dass Freiheit nicht mit Blut erkauft werden muss und dass ihre Früchte nationalistischer und kommunistischer Verblendungen in ein Schwarzbuch der Geschichte der Aufklärung gehören. Wenn auch die Begeisterung der 90er-Jahre des 20. Jahrhunderts verflogen ist, gibt es dennoch keine Alternative zum Gedanken an Europa als politischer Union, wirtschaftlicher Großraum, sozial gestaltetes Haus und kulturell-geistiger Motor. Kein europäischer Staat kann sich dem auf Dauer entziehen. Und deswegen ist hier von Europa als der Europäischen Union und umgekehrt die Rede, insofern die Union schon existiert und immer mehr Wirklichkeit wird.

Das Imperium Romanum, jenes Römische Reich, das dem späteren Heiligen Römischen Reich Deutscher Nation (962–1806) mehr als nur die geistige Grundlage bot, zeigt in seiner langen Geschichte, wie Reiche entstehen, zur Blüte gelangen und gehen. So fragwürdig vielen auch der Imperiumsgedanke ist, zieht er sich doch durch alle Zeiten der Geschichte. In Europa und von dort her sind Imperien entstanden, blühten und vergingen. Das Römische Reich und seine inneren Entwicklungen aber wirkten über das politische Ende hinaus in den Raum der Kernländer des modernen Europas Frankreich und Deutschland. Die EU ist dem Imperiumsgedanken ähnlich in der Flexibilität von Raum und Grenzen im Gegensatz zu den klaren Grenzen von Nationalstaaten. Sie unterscheidet sich aber, weil die Europäische Union einerseits hegemonial agiert und andererseits das föderale System beibehält. Die Mitglieder der EU sind keine Satellitenstaaten um ein europäisches Machtzentrum, sondern gleichberechtigte Partner. Gleichzeitig gilt es, politische, ökonomische und soziale Standards in allen Ländern durchzusetzen. Die EU ist als Staatenbund auf ein starkes und dynamisches Zentrum angewiesen. Die Diskussion um die EU-Erweiterung um die Türkei und die Ostgrenzen der EU lassen neben den Aspekten von flexiblen Grenzen und der „Vorherrschaft Brüssels" etwas in den Blick kommen, was bedeutsam für die Zukunft sein wird. Die Ränder eines flexiblen Raumsystem wie der EU oder auch des Imperium Romanum und damit die Peripherie von Geltungsbereichen (EU) und Macht (Imperium) müssen genau beobachtet werden (vgl. hierzu Herfried Münkler, Imperien. Die Logik der Weltherrschaft – vom Alten Rom bis zu den Vereinigten Staaten, Berlin 2005.)

Die inneren Strukturen einer EU müssen auf ihre Stärke und Belastbarkeit hin befragt werden, wenn sie einerseits bei einem Beitritt der Türkei ihre Grenzen im Nahen Osten und nahezu allen Krisenherden dort haben wird und andererseits bei weitgehend ungeklärten Verhältnissen im Osten sich Russland noch mehr als bisher nach Asien und insbesondere China orientiert. Zur Krise werden wird auch die Südlinie der EU zu Nordafrika. Der Mittelmeerraum erlebt schon heute täglich menschliche Tragödien von Emigranten aus afrikanischen Ländern. Allein schon sie gemahnen, dass die EU mit Blick auf Afrika sehr aufmerksam bleiben und aktiver werden muss. Trotz aller räumlichen und auch sachlichen Unterschiede zum Imperium Romanum oder zu Imperien überhaupt gilt auch für Europa als Union von Staaten:

1. die räumliche und politische Flexibilität von Grenzen
2. die Stärke eines dynamischen Zentrums
3. die aufmerksame Beobachtung der Peripherien.

Der Euro ist nicht die erste gemeinsame Währung auf europäischem Boden. Bereits unter Cäsar gab es eine gemeinsame Währung im Wirtschaftsraum Römisches Reich.

Nach diesen Grundlinien, die das Römische Reich stellvertretend für alle Imperien und das moderne Europa mehr oder minder gemeinsam haben, kommen wir vom Äußeren zurück zu einem wesentlichen inneren Moment, der charakteristisch für die Blütezeit des Imperium Romanum war und gerade dem modernen Europa ins Stammbuch geschrieben sein muss. Jedes Jahr am Weihnachtsfest wird die Geburt Jesu angekündigt zu einer Zeit, „da Friede war auf der ganzen Welt". Zur Zeit des Octavianus Augustus bekam die Menschheit eine Ahnung von dem, was die Engel auf dem Feld bei Bethlehem sangen: „Ehre sei Gott in der Höhe und Friede auf Erden den Menschen seiner Gnade." Die unbeachtete Geburt Jesu im fernen Bethlehem und die Herrschaft des Augustus in Rom bedeuten für das Römische Reich zwei Schwellen, über die man in eine neue Zeit gelangt. Der Legende nach hat Augustus von der Tiburtinischen Sybille von der Geburt dessen gewusst, dem er auf dem Kapitol Roms den „Altar des Erstgeborenen Gottes" errichtete.

DIE PAX ROMANA

In den letzten Jahren waren es vor allem Historiker, die das Imperium Romanum und dessen Strukturen in die Nähe des modernen Europas rückten (hier besonders Geza Alfödy, Das Imperium Romanum – ein Vorbild für das vereinte Europa?, Basel 1999). Insbesondere die Sicherung des Friedens gehört ins Zentrum dieser Überlegungen. Die Pax Romana ist eine fast 300 Jahre währende Zeit des inneren Friedens im Römischen Reich. Zu Recht wird gesagt, dass die Europäer diese Leistung erst noch zu erbringen haben (so der Eichstätter Historiker Jürgen Malitz). Einen produktiven Frieden über eine so lange Zeit zu erhalten, bedarf höchster Anstrengungen. Nicht nur die Sicherung nach außen durch militärische Unternehmungen, die – so sagt man – bis zu 50% des Staatshaushaltes beanspruchten, sondern auch die Voraussetzungen nach innen gilt es zu betrachten:

1. Die Stärkung der politischen Macht
2. Das Gewicht der Wirtschaft
3. Die Förderung sozialer Gerechtigkeit
4. Die Kultur des Rechts
5. Die Identifizierung mit dem Imperium
6. Die Stellung von Religion
7. Der Anspruch an Bildung

Kameo mit der Familie Konstantins (vor 326). Von links nach rechts sind wohl dargestellt die Kaisermutter Helena, Konstantin, der Sohn Konstantin II., die Gattin Fausta und der Sohn aus erster Ehe, Crispus.

Die Stärkung der politischen Macht bedeutet unter Augustus eine Reduzierung des Militärapparates und damit eine Ende einer planlosen Expansion des Reiches. Die Organisation von Verwaltung und die Festigung der inneren Strukturen gelang durch mehrere gleichzeitig wirkende Faktoren. Zum einen wurde die Korruption nicht nur als Problem erkannt, sondern energisch bekämpft. Hierzu diente eine Familienpolitik, die besonders bei Führungskräften eingesetzt wurde. Nicht der kinderlose Karrierist wurde bevorzugt, sondern der mit und in einer Familie Lebende. Wer Kinder hatte, dem blieben auch höchste Ämter nicht verschlossen. Nun mag die Organisation von Familie in römischer Zeit einfacher gewesen sein als heute. Doch die Richtung stimmt auch heute noch: wer eingebunden in das System der Familie und der Generationen ist und für seinen Dienst am Gemeinwohl eine angemessene Entlohnung erhält, die es möglich macht, eine Familie zu ernähren, ist viel weniger anfällig für das Übel der Korruption. Das moderne Europa wird diesem Übel nicht nur durch strafrechtliche Sanktionen allein beikommen, sondern muss es an der Wurzel packen, die in den zwei Extremen des gierigen Individualismus oder eines rücksichtslosen Clans liegt. Weder vereinzelte Draufgänger noch die Clique von Oligarchen stärken die politische Macht. Der innere Friede wird als hohes Gut umso deutlicher mit der Reichsidee identifiziert, wo die Menschen nicht nur die potestas, die Macht zu spüren bekommen, sondern vor allem, wo die Autorität sichtbar wird, mit der dieser innere Friede geschaffen wird. Eine klare und gerechte Steuer- und eine verständliche Verordnungspolitik im Verbund mit einem weitgehend korruptionsresistenten Beamtentum waren nicht nur dem Römischen Reich dienlich, sondern sind Säulen, die auch das moderne Europa braucht und zu dem es herausgefordert ist. Ein Grundsatz römischer Verwaltung ist noch in Erinnerung zu rufen. Es ist das Subsidiaritätsprinzip, das den Vorrang der Selbsthilfe von unteren Ebenen vor dem Eingreifen vorgesetzt höherer Organisationsebenen besagt. Das Imperium Romanum hat mit diesem Prinzip aus der Personalnot eine Tugend gemacht, die dem modernen Europa auch heute noch dienlich ist.

Wer würde nicht gerne einem Vergleich von römischer Bürokratie und dem modern europäischen Bürokratismus zustimmen, der zweifellos wenig schmeichelhaft für die Moderne ausfallen würde. Der richtige Weg des Abbaus von überflüssigen Verordnungen wird beschritten und ist nötig. Nicht zuletzt ist es das Gewicht der Wirtschaft oder die ökonomische Vernunft, die hierauf pocht. Zwar war nie wirklich wahr, dass vor der Moral das Fressen kommt. Die wirtschaftliche Entwicklung im Römischen Reich aber festigt einerseits den inneren Frieden, andererseits braucht sie ihn. Diese Wechselwirkung ist auch heute zu beachten, dass Frieden den Wohlstand vieler begünstigt und dieser Wohlstand nicht ein Privileg weniger sein kann. Das Imperium Romanum hat nicht nur durch die einheitliche Währung des Aureus seit Cäsar das ganze Reichsgebiet als Wirtschaftsraum verstanden, sondern im Laufe der Geschichte das politische und ökonomische Gefälle zwischen Zentrum und Peripherie (zum Beispiel Italika und Germanien) beseitigt. So haben alle Gebiete des Reiche Teil am wirtschaftlichen Leben, was sich nicht zuletzt am städtischen Leben auch in den Provinzen zeigt. Diese wirtschaftlich gesehene Raumgestaltung ist ein Bestreben, das im modernen Europa nach dem 2. Weltkrieg und seit den Römischen Verträgen von 1957 die Errichtung eines gemeinsamen Marktes als Vorstufe zur politischen Union zum Ziel hatte. Somit entwickelte sich das moderne Europa umgekehrt zum Imperium Romanum.

Soziale Gerechtigkeit beginnt mit der formalen Gleichstellung aller Bewohner. Im Imperium Romanum galt das römische Bürgerrecht – unbeschadet der Standesgrenzen und der Sklaverei – seit Kaiser Caracalla für alle freien Bürger des ganzen Reiches (212 n. Chr.). Formal ist in dieser Frage das Ende einer Entwicklung von Rechtskultur erreicht, das im heutigen Europa – in der Mitte und in weiten Teilen des Ostens seit dem Fall des Eisernen Vorhangs ab 1989 – zum demokratischen Credo gehört. Die Freiheit der Bürger ist die Bedingung der Möglichkeit, von sozialer Gerechtigkeit überhaupt erst sprechen zu können. Insofern sind politische Systeme, die sich dem zu entziehen suchen, letztlich zum Scheitern verurteilt. Die Geschichte des Sozialismus und Kommunismus zeigt dies eindrücklich. Dennoch ist auch im Europa nach 1989 die Frage der sozialen Gerechtigkeit eine drängende und kommt im Verlauf einer fortschreitenden wirtschaftlichen Globalisierung über die Grenzen Europas hinweg ins Bewusstsein. Das Imperium Romanum war mit seinen etwa fünf Millionen freien Bürgern um das Jahr 9 v. Chr. der Orbis terrarum, der Erdkreis und die Weltherrschaft. Europa hingegen ist mit seinen rund 550 Millionen Bewohnern Teil einer globalen Weltgemeinschaft. Die soziale Frage der Industrialisierung des 19. Jahrhunderts war eine mehr oder minder europäische Frage. Die soziale Frage des 21. Jahrhunderts ist global nach der des Kapitals und des Wertes und vor allem der Würde von Arbeit. Doch neben dieser eher universalen Sicht von sozialer Gerechtigkeit braucht es den Blick zurück in die überschaubaren Einheiten einer Familie, eines mittelständischen Betriebes, einer Landwirtschaft. Die Frage nach der sozialen Gerechtigkeit wird nicht in den Manageretagen beantwortet und schon gar nicht durch politischen Pragmatismus, sondern braucht den Blick auf die Person und ihre Situation. Wirtschaft und Politik sollen nichts lösen, sondern Bedingungen schaffen, damit jeder Bürger in die Lage versetzt werden kann, sich seiner unveräußerbaren eigenen Freiheit in je eigener Verantwortung zu stellen. Dies geschieht unter anderem durch Arbeit! Sie bewirkt Wohlstand breiter Schichten. Zugleich legt sie den Grundstock für das, was „Sozialkultur" genannt werden kann. Im Imperium Romanum ist es gerade die soziale Kultur der Christen, die erstmals die Schwachen in den Blick und in die Fürsorge nahm. War es zunächst revolutionär und auf die unteren sozialen Schichten beschränkt, bildete sich diese christliche Haltung als maßgebliche für den Aufbau der Gesellschaft im Imperium Romanum heraus. Dies dürfte die eigentlich bedeutsamste „Konstantinische Wende" sein: die Hinwendung zu den Armen, Kranken und Schwachen und die Herausbildung einer sozialen Kultur, die jedem Menschen verpflichtet ist und nicht nur den Leistungsträgern. Moderner Individualismus ist dagegen gebunden an die Leistungsfähigkeit, die das Ausleben von Eigeninteressen ermöglicht. Hört diese auf, endet fast wie von selbst diese Art von selbstbezogener und sozial desinteressierter Individualität. Das Maß des Christen für jedes Individuum ist das Leben vom ersten Augenblick des Daseins bis hin zum letzten Atemzug und darüber hinaus. Eine ganzheitlichere Sicht gibt es nicht! Die Christen haben dies dem Imperium Romanum eingepfropft und durch die Jahrhunderte bis in das moderne Europa hineingetragen. An dessen Anfang nach 1945 stehen nicht zufällig nach den zerstörerischen Ideologen aufrechte katholische Christen: zum Beispiel Robert Schuman, Alcide de Gasperi, Jean Monnet, Charles de Gaulle, Konrad Adenauer. Die stellvertretend Genannten stehen dafür, dass das moderne Europa als Ziel sozialer Gerechtigkeit das Gemeinwohl hat, zu dem jeder nach seiner Möglichkeit und Situation beiträgt oder Nutzen zieht. Das Imperium Romanum war durch seine lange Geschichte stets mit dem demographischen Faktor konfrontiert, der auch im modernen Europa brennend aktuell ist. Er gehört mit zur Betrachtung der Frage nach der sozialen Gerechtigkeit, weil ein aussterbender Kontinent keine Perspektive ist, auf die hin sich zu leben lohnt.

Ob sich das Leben überhaupt „lohnt", ist eine hier nicht zu beantwortende Frage. Ob ein Leben aber der Willkür der Mächtigen oder des nächsten Neiders ausgesetzt ist oder den Schutzraum des Rechts erfährt, hat schon das Römische Reich durch eine hohe Kultur des Rechts, besonders des Zivilrechts beantwortet. Das Imperium Romanum war kein Sozialstaat im modernen europäischen Maßstab oder gar nach deutschem Vorbild. Römisches Recht aber bildet noch heute in vielen Rechtssystemen eine Grundlage. Gerade in der Zeit des Prinzipats von Augustus (27 v. Chr. bis 305 n. Chr.) steht im Reich die Rechtskultur in hoher Blüte. Besonders hervorzuheben bleibt die Schärfe der Begriffsbildung, was jedem Rechtsbewusstsein stets von großem Nutzen bleibt, will es nicht durch gekonnte Geschwätzigkeit eingeschläfert werden. Die Klarheit der Begriffe findet seinen Ort in der Anwendung des Rechts, wo sich in der jeweils konkreten Situation das Recht bewährt. Die hohe Kunst der Rechtstechnik ist im Imperium Romanum gleichfalls hervorzuheben. Nach und nach entstehen Rechtssammlungen Nach der Reichsteilung 395 wird die Rechtskultur vor allem im Osten weiter gepflegt und durch den starken Ausbau eines Justizapparates mehr und mehr bürokratisiert. Den Abschluss dieser lange währenden Entwicklung kann man in der Verkündigung der Rechtssammlung des Corpus Iuris Civilis durch Justinian im Jahr 533 sehen. Die historischen Linien stellen klar, daß trotz aller machtpolitischen Umstände es im Imperium Romanum ein hohes Maß an Rechtssicherheit gab, auf die sich jeder freie römische Bürger berufen konnte, gleich wo im Reich er lebte. Ein Beispiel dafür findet sich in der Gestalt des Apostels Paulus, der als römischer Bürger (vgl. Apg 16,37) seine Rechte geltend zu machen weiß (vgl. Apg 22,25ff; 25,10ff).

Findet sich hier die Identifizierung mit dem Imperium? Im Imperium Romanum war der hohe Grad der Identifizierung der Bewohner mit dem Reich beachtlich. Es gelang Octavianus Augustus eine innere Bindung der Bevöl-

Treueringe, hier mit dem Namen Konstantins versehen, waren in der Antike weit verbreitet.

Christliche Symbole auf einer Silberplatte. England, 4. Jahrhundert.

kerung – auch derer in den Provinzen – an das Imperium (Münkler). Neben der politischen Loyalität und administrativen Zuverlässigkeit ist es diese Bindung der Bevölkerung, die den langen Bestand des Reiches und den fruchtbaren inneren Frieden bestimmten. Europa ist von dieser starken Bindung seiner Bewohner noch weit entfernt. Ein erster entscheidender Schritt wäre die Europäische Verfassung, die in Ländern der Europäischen Union durchgefallen ist, die hierüber eine Volksabstimmung und nicht nur einen Parlamentsbeschluss durchführten. Eine Frage, die je länger je mehr in die Diskussion bei diesem europäischen Verfassungsvertrag geriet, war die um den Gottesbezug. Ohne Bezug auf Gott will das moderne Europa verfasst sein, geht es um den Willen des Konventes, der den Text erarbeitet hatte. Ein letzter Akt wird damit gespielt, wo Gott und die Religion zur Privatsache erklärt wird. Für das Römische Reich wäre dies undenkbar gewesen, befindet es sich doch vor der Zeit der Aufklärung. Der Aufbau des Imperiums nach einer langen Zeit der Bürgerkriege und des Niedergangs wird von Augustus begonnen mit einer radikalen Reform der Sitten und der Religion und zielte besonders auf die imperiale Elite. Die Stellung der Religion im antiken römischen Sinne ist eher zu beschreiben als Kult. Augustus reformiert den Staatskult und stabilisiert ihn mit festen heiligen Tagen und sichtbaren heiligen Orten. Insofern er den Kaiserkult erneuerte und festschrieb, instrumentalisierte er die Religion als staatstragend. Der Staat in Gestalt des Kaisers wird selbst Kult. Insofern man sich diesem Kult entzieht, gerät man in den Verdacht der Häresie, nicht der religiösen, sondern der staatsgefährdenden. Die Folgen bekommen besonders die Christen zu spüren, die sich dem Staatskult konsequent verweigern. Sie bringen damit ein System ins Wanken, denn der Staatskult ist kein wirklich gottesdienstlicher Akt oder beansprucht geistliche Tiefe, sondern dient mehr oder minder der Identifikation mit dem Imperium und sammelt unter sich alle anderen Religionen, die es im Reich gibt, und integriert sie. Es gab im Römischen Reich grundsätzlich keine Diskriminierung zwischen den einzelnen Bevölkerungsgruppen (Malitz). Diesem Ziel dienten die Bemühungen um Identifizierung mit dem Reich und um den Staatskult. Im Imperium Romanum gab es zwar keine Religionsfreiheit im modernen Sinne. Es gab aber sicher keine Pflicht der Befreiung von Religion, die heute zur politischen Praxis zu werden scheint. Europa ist weder eine kulturelle noch religiöse tabula rasa. Das Christentum hat sich gerade auf diesem Kontinent vor anderen Religionen durchgesetzt und bis heute behauptet. Christen waren und sind die Kulturträger Europas seit dem 3. Jahrhundert. Nach dem Ende des Römischen Reiches haben sie dessen Erbe in weiten Teilen fortgeführt. Die geschichtlichen Irrungen und Wirrungen sollen nicht beschönigt werden. Gleiches gilt aber auch von den Irrungen dessen, was Aufklärung genannt wird oder Säkularismus oder Nationalismus. Das moderne Europa wird im Verzicht auf die Religion und seine Absage an einen klaren, wenn auch formalen Bezug auf Gott nicht zu einer heileren Welt. Nach antikem römischem Verständnis und nach katholischem Verständnis gehören Glaube und Sitte eng zusammen, weil es immer um das glaubende und handelnde Subjekt geht. Die Personalität des Glaubens ist dem Christentum wesentlich. Es gilt im modernen Europa dies immer deutlicher hervorzuheben gegen die Tendenzen einer ideologisierten Neutralität und der Idolatrie, dem modernen Götzendienst, das alles gleich gültig sei. Beides wird dem Menschen in seiner Personalität nicht gerecht und gefährdet letztlich das Gemeinwohl. Dem Christen geht es zuletzt um den Kult und zuerst immer um den Menschen, der seiner Bestimmung und Verantwortung bewusst werden soll. Ob er dabei Christ ist, wird oder bleibt, steht nicht in der Macht des Menschen, sondern gehört in die Verfügung Gottes, den zu verschweigen verräterisch ist. Im Angesicht religiös motivierten Terrors weltweit ist es geradezu eine Pflicht, zu einer neuen, der Moderne angemessenen Auseinandersetzung um die Stellung der Religion im heutigen Europa zu kommen. Für moderne Katholiken ist klar, dass es nicht wünschenswert ist, das Christentum erneut in die Rolle einer Staatsreligion zu bringen. Diese Rolle am Ende des Imperium Romanum hatte ihre Zeit, von der sich die katholische Kirche verabschiedet hat. Andere christliche Kirchen tun sich mit diesem Abschied einer zu engen Verbindung von Staat und Kirche schwerer. Christen tun gut daran, mehr staatsfördernd als staatstragend zu wirken. Somit sind sie mitverantwortlich für den inneren Frieden, der im Imperium Romanum so lange währte. Dieser innere Friede, der sich auf starke politische Macht stützt, allgemeinen Wohlstand fördert und sozialer Gerechtigkeit verpflichtet ist, dieser innere Friede, der jedem Bürger die gleichen Rechte und in gewissem Sinn auch Pflichten gewährt und auferlegt und der einen Identifikationsrahmen braucht, an den sich der Bürger binden kann und wo die Religion ihre angemessene Stellung hat, dieser Friede hat noch einen abschließend hervorzuhebenden Faktor der Stabilität. Dieser Faktor ist gleichsam das Kapital des inneren Friedens oder der Zugewinn zum Gemeinwohl: der Anspruch an Bildung.

Für Deutschland und andere Länder der Europäischen Union ist „Bildung“ fast so etwas wie ein Kampfwort geworden und Vorschläge zur Verbesserung der Bildungslandschaft ein Leistungssport von Experten und Politikern. Es mag ein Indiz dafür sein, wie heruntergekommen und unsicher ein gesellschaftliches System ist, das sich bei jeder neuen Erhebung durch Studien (zum Beispiel Pisa) in einen Aktionismus der Worte stürzt und Taten hervorbringt, die bei kommenden Ergebnissen wieder revidiert werden. „An der Bildung entscheidet sich unsere Zukunftsfähigkeit“, sagt der Trierer Bischof Dr. Reinhard Marx. Das Imperium Romanum hatte hier einen Vorteil, denn im ganzen Reich konnte man sich mit der lateinischen und griechischen Sprache verständigen. Diese Sprachfähigkeit und flächendeckende Bedingung für Kommunikation fehlt dem modernen Europa, auch wenn sich das Englische als globale Sprache mehr und mehr durchsetzt. Der Unterschied liegt in der kulturellen Tiefendimension. Der Horizont des Englischen ist im Vergleich zur lateinischen und griechischen Sprachfähigkeit begrenzt. Die Römer verstanden es meisterhaft, ihre einerseits strategische Meisterschaft und Durchsetzungsfähigkeit mit der Aneignung von Kultur, die sie selbst so nicht hatten, zu verbinden. Sie waren also sowohl lernwillig und des Lernen von anderen fähig. Bildung im Imperium Romanum war zielgerichtet darauf, die junge Generation für das Gemeinwesen und dessen Wohl zu erziehen. Diesem Anspruch war vor allem die Elite verpflichtet. Die inneren Bedingungen (Lehranstalten, Bibliotheken, Lehrer), aber auch die äußeren (Urbanität, Verkehrswege) waren im Ostteil des Reiches ungleich besser als im Westen. Historisch führten der Vorstoß anderer Völker (zum Beispiel Germanen) in das Römische Reich und die Reserviertheit gegenüber der antiken Bildung und Kultur des zur Staatsreligion erhobenen Christentums dazu, dass dieses Ziel mehr und mehr verloren ging.

Europa heute steht bei der Bildung vor einer großen Herausforderung. Neben dem Recht auf Bildung braucht es auch das Bewusstsein, dass jeder Bürger sich zur Bildung verpflichtet weiß. Das ist ein entscheidender Faktor, um die Proletarisierung einer breiteren Bevölkerungsschicht in europäischen Ländern vermeiden zu helfen. Zur Sicherung des inneren Friedens oder des Gemeinwohls braucht es neben der Arbeit, die dem Eigenwohl ebenso den nötigen Mehrwert gibt, eben Bildung, die hilft, dass der Einzelne seine zur Arbeit nötige Ausbildung leichter bewältigen kann. In diesem Kreislauf hat die Wirtschaft allein wegen des Eigeninteresses eine hohe Verpflichtung, die angesichts der ökonomischen Globalisierung noch drängender wird, weil sie an einer Verarmung Europas oder am Niedergang von Bildung kein Interesse haben kann und sich nicht den Vorwurf machen lassen sollte, in neuen Formen der Ausbeutung zur Gewinnsteigerung und damit allein im Eigenwohl ihre Erfüllung gefunden zu haben. Die Bildung von Eliten spricht nicht gegen die Bildungsgerechtigkeit. Sie ist im wahren Sinn des Wortes notwendig, um die Herausforderungen der Zukunft zu bestehen. Diese kann nicht in der Proletarisierung von Politik bestehen. Ungebildete Politiker sind dem inneren Frieden wie dem Gemeinwohl schädlich. Soziale Gerechtigkeit und die Sicherung des Rechtes brauchen die Bildung, weil das eine kreative Vorschläge und Lösungen braucht und das andere die Anstrengung des Begriffs. Im Dialog der Religionen gilt es, das Zueinander und Miteinander von Glaube und Vernunft freizulegen. Verständigung setzt Vernunft voraus. Ohne sie bleibt es beim modernen Gerede von Toleranz und Integration. Wenn nicht im modernen Europa, wo dann wird möglich, Bildung als Erziehung zur Vernunft und damit zur Unterscheidungsfähigkeit von Glaube und Vernunft mit je gegenseitigem Respekt und den wechselseitigen Wirkungen zu verstehen.

Die modernen Gesellschaften Europas sind auf vielfältige Weise bewusst und unbewusst auf den Wegen, die schon das alte Römische Reich beschritten hat. Die Überwindung von Grenzen und der darin hausenden Nationalismen wird schwierig sein. Nationalismus ist ebenso entbehrlich wie das Bewusstsein von Heimat und das Zuhause dem Menschen notwendig ist. Bleibt das europäische Haus nur eine Idee, wäre es dem Einzelnen zuwenig und der Gesamtheit der Menschen auf diesem Kontinent herzlich gleichgültig. Nach dem 2. Weltkrieg wurde dieses Haus begonnen zu bauen. Es fehlt noch einiges an seiner Fertigstellung, doch können wir es schon einrichten mit dem Besten, was uns durch eine lange Geschichte erhalten blieb. Das Imperium Romanum ist vergangen. Manches hat sich bis heute durchgetragen und gehört zum Hausrat des modernen Europa. Darauf sollten wir nicht verzichten, weil wir keine Alternative zum inneren Frieden in Europa mehr haben dürfen.

Gehobener „Fanartikel“ der Antike: Goldfibel mit dem Namen Konstantin.

KEIN EUROPA OHNE DAS CHRISTENTUM

von Dr. Annette Schavan, MdB, Bundesministerin für Bildung und Forschung

Seit der Konstantinischen Wende, die mit dem Toleranzedikt von Mailand 313 eingeleitet und 391 mit der Erhebung des Christentums zur Staatsreligion im Römischen Reich vollendet wurde, wird die Kirchenzugehörigkeit praktiziert wie die Staatsbürgerschaft. Innerhalb von nicht einmal hundert Jahren verschrieb sich das zunehmend christianisierte Römische Reich einer diesseitsorientierten Staatsreligion. Ebenso normal ist es deshalb für die Mitglieder der Kirche wie für die Bürger im Staat, dass sie ihre Kirchenmitgliedschaft bei im Jahreskreis anfallenden Festen aktualisieren, genauso wie sie nur bei bestimmten Anlässen bewusst als Bürger auftreten. Doch noch ein weiteres haben Staat und Kirche inzwischen gemeinsam: Während nur wenige politisch aktiv sind, bringen sich ebenso wenige in die Kirche aktiv ein.

Wer die Massen, die vom Weltjugendtag in Köln im Jahr 2005 angezogen oder durch den Tod von Papst Johannes Paul II. bewegt wurden, als religiösen Aufbruch wertet, der vereinfacht die Situation. Sie ist komplizierter. Kürzlich haben die Sozialwissenschaftler von Sinus Sociovision in einer Studie über die religiöse Orientierung in der Gesellschaft festgestellt, dass immerhin jeder zehnte zur Gruppe der „Modernen Performer" gerechnet werden muss. Sie sind überwiegend jünger als 30 Jahre, fühlen sich als Trendsetter und wegen ihres höheren Bildungsniveaus als Teil einer Elite. Sie sind leistungsbereit, haben ein starkes Selbstvertrauen, doch konventionelle Lebensmuster sind ihre Sache nicht. Die Kirche selbst lehnen sie zwar nicht grundsätzlich ab. Ihr Leben selbst hat damit allerdings wenig zu tun. Vielmehr ist die Kirche für sie so etwas wie eine Tankstelle, bei der sie (zu gegebener Zeit) verlorene Kraft und Orientierung zurückholen können. Auch wenn die „Modernen Perfomer" nach dieser Studie nur eine von zehn Gruppen sind, wächst die Distanz zur Kirche, wie die Austritte aus den Kirchen belegen.

WELTANSCHAULICH NEUTRAL

Erscheint es da nicht fast als Anachronismus, dass 1949 die Mütter und Väter des Grundgesetzes die „Verantwortung vor Gott" in der Präambel der Verfassung festgeschrieben haben? Dies war nicht zuletzt eine Reaktion auf ihre eigene Lebenserfahrung. Sie war geprägt von einem Regime, das die Werte korrumpiert, die Menschenrechte mit Füßen getreten und die Allmacht das Staates zum Prinzip erklärt hatte. Mit dieser Präambel sollten die Grenzen der verfassungsgebenden Gewalt in Erinnerung gerufen werden. Der Staat setzt sich damit selbst Grenzen. Er will nicht über alles verfügen, weil er gar nicht kann. Dieser Hinweis zeigt der Politik jeden Tag aufs Neue, dass letztlich alles, was der Mensch regelt, unvollkommen bleiben muss.

Dieser Hinweis in der Präambel des Grundgesetzes verpflichtet den Einzelnen aber gerade nicht auf einen Glauben an Gott. Noch weniger wird dieser Gott mit einem christlichen Gott gleichgesetzt. Die Präambel macht zweierlei deutlich: Sie zeigt zum einen, dass der Mensch Grenzen hat, nicht allmächtig, nicht die letzte Instanz ist. Sie zeigt zum anderen aber auch, dass es bei der Normierung einer Verfassung eine besondere Verantwortung gibt. „Die weltanschauliche Neutralität der Staatsgewalt, die gleiche ethische Freiheiten für jeden Bürger garantiert, ist unvereinbar mit der politischen Verallgemeinerung einer säkularistischen Weltsicht.

Für die Gründerväter war das Christentum selbstverständliche Grundlage für das zu schaffende gemeinsame Europa. Gedenkmedaille mit Adenauer, De Gasperi und Schuman.

Lehrer mit Schülern. Bildung war nicht nur im römischen Trier ein hohes Gut.

Säkularisierte Bürger dürfen, soweit sie in ihrer Rolle als Staatsbürger auftreten, weder religiösen Weltbildern grundsätzlich ein Wahrheitspotenzial absprechen, noch den gläubigen Mitbürgern das Recht bestreiten, in religiöser Sprache Beiträge zur öffentlichen Diskussion zu machen. Eine liberale politische Kultur kann sogar von den säkularisierten Bürgern erwarten, dass sie sich an Anstrengungen beteiligen, relevante Beiträge aus der religiösen in eine öffentlich zugängliche Sprache zu übersetzen", gab Habermas in seinem Gespräch mit dem damaligen Kardinal Josef Ratzinger in der Katholischen Akademie in München zu bedenken.

Zweifellos hat dieser Hinweis auf Gott in der Präambel des Grundgesetzes einen christlichen Gott im Blick. Das Mailänder Edikt von 313 legte im römischen Reich den Grundstein für die christliche Kultur. Mit diesem Edikt sicherte Kaiser Konstantin den Christen erst die Ausübung ihres Glaubens zu, ohne sie durch Verfolgung zu bedrohen. Konstantins Edikt bedeutete eine Freiheit der Glaubensentscheidung für alle Religionen.

Diese gilt auch heute. So wenig wir jemanden zu einem Glauben – sei es nun das alleinige Bekenntnis zu einer Religion oder der Glaube an Christus zwingen können, so wenig dürfen wir unsere eigenen Wurzeln aufgeben. Diese liegen im christlichen Glauben. Nach Konstantin und dem Mailänder Edikt wurde das Christentum im römischen Gemeinwesen mehr und mehr verfestigt. Theodosius erklärte 380 in dem an die Bevölkerung von Konstantinopel gerichteten, aber auch für die Bevölkerung des ganzen Reiches gültigen Edikts Cunctos populos das Christentum in dem Verständnis des Glaubensbekenntnisses von Nizäa zur Staatsreligion. Der christliche Glaube wurde konstitutiv für Europa.

Wir würden die gegenwärtige Situation verkennen, würden wir den christlichen Glauben gegenüber den anderen Religionen in unserem Land relativieren. Kennzeichen unserer Zeit ist eine wachsende Vielfalt der Standpunkte, Ordnungsvorstellungen und Leitbilder in Gesellschaft und Kultur. Gerade diese Vielfalt der Weltanschauungen, der Lebens- und Erziehungsstile hat den Menschen die Orientierung genommen. Doch so sehr diese Prozesse der Pluralisierung und damit einhergehend auch der Individualisierung sind, so wenig können wir übersehen, dass die Grundordnung unserer Gesellschaft ihre Geschichte nun einmal mit dem Christentum hat.

Das darf aber nicht bedeuten, dass der christliche Glaube Vorrang hat vor den Aufgaben des Staates. Zurecht hat das Bundesverfassungsgericht im Juni 2006 entschieden, dass Eltern ihre Kinder nicht aus religiösen Gründen von der Schule nehmen dürfen. Die Allgemeinheit habe „ein berechtigtes Interesse daran, die Entstehung von religiös oder weltanschaulich motivierten ‚Parallelgesellschaften' entgegenzuwirken und Minderheiten zu integrieren", heißt es in der Entscheidung. Eltern hatten ihre Kinder von der Schule genommen, weil sie sie wortgetreu nach den Vorgaben der Bibel erziehen wollten.

Im so genannten Kruzifix-Urteil des Bundesverfassungsgerichtes aus dem Jahr 1995 haben die Richter, bei aller Loyalität gegenüber der Einstellung zum Glauben auf das christliche Erbe verwiesen: „Auch ein Staat, der die Glaubensfreiheit umfassend gewährleistet und sich damit selber zu religiös-weltanschaulicher Neutralität verpflichtet, kann die kulturell vermittelten und historisch verwurzelten Wertüberzeugungen und Einstellungen nicht abstreifen, auf denen der gesellschaftliche Zusammenhalt beruht und von denen auch die Erfüllung seiner eigenen Aufgaben abhängt. Der christliche Glaube und die christlichen Kirchen sind dabei, wie immer man ihr Erbe heute beurteilen mag, von überragender Prägekraft gewesen. Die darauf zurückgehenden Denktraditionen, Sinnerfahrungen und Verhaltensmuster können dem Staat nicht gleichgültig sein."

KEIN EUROPA OHNE DAS CHRISTENTUM

Das gilt auch und besonders für die Europäische Union. Europa ist eng mit der Tradition des Christentums verbunden. Zwar kann die Europäische Union als eine gedachte Größe gelten. Willkürlich definiert werden darf die EU aber nicht. Russland oder die Türkei etwa in die EU aufzunehmen, würde die Grenzen des Kontinents sprengen. Europa würde dann von der Nordsee bis zum Stillen Ozean, von der Ägäis bis zum Ararat reichen.

Die Präambel des Entwurfs einer EU-Verfassung verzichtet auf einen direkten Bezug zum Christentum. Sie verweist auf ein „kulturelles, religiöses und humanistisches Erbe Europas, aus dem sich die unverletzlichen und unveräußerlichen Rechte des Menschen sowie Freiheit, Demokratie, Gleichheit und Rechtsstaatlichkeit als universelle Werte entwickelt haben". Jedem ist klar, wie die Rede von diesem Erbe Europas gefüllt werden muss.

Besonders im europäischen Kontext wird deutlich, wie wichtig ein identitätsstiftendes Moment für eine Gesellschaft ist. Den Vätern der europäischen Einigung – Adenauer, Schumann, de Gasperi – war bewusst, dass dieses Moment im christlichen Erbe des europäischen Kontinents liegen müsse. Dieses Bewusstsein spielte im Prozess der europäischen Einigung aber bald keine Rolle mehr. Die Integration vollzog sich zunächst vor allem unter wirtschaftlichen Aspekten. Die geistigen Grundlagen wurden in dieser neuen Gemeinschaft in den Hintergrund gedrängt. „Wenn ich noch einmal mit Europa beginnen könnte, würde ich mit der Kultur anfangen", sagte Jean Monnet deshalb auch Jahre nachdem seine Idee einer Europäischen Union Gestalt anzunehmen begann.

Gerade das macht uns heute Probleme. Es fehlt dieses Moment, das den Bürgern in den 25 Mitgliedstaaten einen europäischen Gemeinsinn gibt. Stattdessen stehen sie einem vereinten Europa mit Skepsis gegenüber. Das zeigten auch die Abstimmungen in Frankreich und den Niederlanden über die Europäische Verfassung. In beiden Ländern votierten die Bürger gegen das Dokument. Doch ging es ihnen bei ihrer Stimmabgabe nicht allein um den Text dieser Verfassung. Der dürfte den wenigsten in seinen Details bekannt gewesen sein. Die Bürger votierten vor allem gegen eine Union, mit der sie sich nicht identifizieren können.

Dabei würden die Wurzeln Europas die einzig angemessene gemeinsame Grundlage für eine Wertegemeinschaft bilden. Ein Blick in die Geschichte zeigt, dass Europa nicht geographisch gefasst werden kann. Europa ist ein kultureller Begriff, der sich über die Jahrtausende hin konkretisiert hat. Europa fußt historisch und kulturell auf einem Menschenbild, das aus der jüdisch-christlichen Entwicklung kommt und daneben von der griechischen Philosophie und dem römischen Rechtsdenken geprägt ist. Den geistlichen Rahmen für Europa bot das Sacrum Imperium. Dieses befand sich zwar schon seit dem Mittelalter als politisches Gebilde in einem Prozess der Auflösung. Sein endgültiges Ende fand es aber erst in der Französischen Revolution.

Europa als solches ist in einen Auflösungsprozess eingetreten, den auch die Verbindung durch eine Europäische Union nicht aufhalten kann. „Die Auflösung der Urgewissheiten des Menschen über Gott, über sich selbst und über das Universum – die Auflösung des Bewusstseins moralischer Werte, die nie zur Disposition stehen, ist noch immer und gerade jetzt wieder unser Problem und kann zur Selbstzerstörung des europäischen Bewusstseins führen, die wir als eine reale Gefahr ins Auge fassen müssen", konstatiert Kardinal Josef Ratzinger. Europa zweifelt an seinen Wurzeln.

Gerade in dieser religiösen Indifferenz sieht Joseph Ratzinger den Schlüssel für die ethnische Selbstaufgaben in den europäischen Gesellschaften. „Mit dem Sieg der posteuro-

Die angedeuteten Menschen am Fuß der Kolossalstatue demonstrieren die Wucht und den damit verbundene Herrschaftsanspruch römischer Imperatoren. Die Zeichnung versucht die Reste der römischen Kolossalstatue Konstantins in eine für jene Zeit typischen Statuentypus zu integrieren.

Der Europäische Rat. Die Regierungschefs der europäischen Nationen suchen mühsam nach einer europäischen Identität. Was heute auf vielen Schultern verteilt war, regierte Konstantin als Alleinherrscher.

päischen technisch-säkularen Welt, mit der Universalisierung ihres Lebensmusters und ihrer Denkweise verbindet sich weltweit, besonders aber in den streng nicht-europäischen Welten Asiens und Afrikas der Eindruck, dass die Wertewelt Europas, seine Kultur und sein Glaube, worauf seine Identität beruht, am Ende und eigentlich schon abgetreten sei; dass nun die Stunde der Wertesysteme anderer Welten, des präkolumbianischen Amerika, des Islam, der asiatischen Mystik gekommen sei. Europa scheint in dieser Stunde seines äußersten Erfolgs von innen her leer geworden, gleichsam von einer lebensbedrohenden Kreislaufkrise gelähmt, sozusagen auf Transplantate angewiesen, die dann aber doch seine Identität aufheben müssen. Diesem inneren Absterben der tragenden seelischen Kräfte entspricht es, dass auch ethnisch Europa auf dem Weg der Verabschiedung begriffen erscheint. Es gibt eine seltsame Unlust an der Zukunft. Kinder, die Zukunft sind, werden als Bedrohung der Gegenwart angesehen", heißt es bei Ratzinger weiter.

Auch wenn der Prozess der Säkularisierung oder nennen wir ihn besser Neuorientierung unseres Gemeinwesens mit erschreckender Geschwindigkeit voran schreitet, gibt es doch eine gewisse Prägekraft, die der christliche Glaube und die christlichen Kirchen mit Blick auf kulturell vermittelte Wertüberzeugungen haben. Gerade dies machten die Ereignisse im Jahr 2005 deutlich, die einen Höhepunkt sicherlich beim Weltjugendtag in Köln erlebten. Durch die Bilder, die die Medien in die ganze Welt schickten, wurde in den Menschen eine religiöse Ausrichtung angesprochen, die ein Interesse für diese Vorgänge weckte.

ERBE VERPFLICHTET

Der Pluralismus der Weltanschauungen, der Lebens- und Erziehungsstile, aus denen sich jeder die für ihn richtige Sichtweise der Dinge herausholen und zu einem je eigenen Gedankengerüst zusammenbasteln kann, hat nicht nur soziale Sicherheiten aufgelöst. Selbst die kulturellen Räume verfügen über keine Einheitlichkeit mehr und lösen sich in Beliebigkeit auf. Dieser Pluralismus hat eine Orientierungslosigkeit in seinem Schlepptau, die in Fernsehshows gipfelt, in denen selbsternannte Super-Nannys Müttern und Vätern beibringen, wie sie ihre Kinder erziehen sollen.

Ist es nicht gerade diese Individualisierung , die erst dazu führt, dass Werte wie Rücksicht, Solidarität und Verantwortung in den Hintergrund gedrängt werden? Die Antwort auf diese Frage werden wir erst aus der Zukunft heraus geben können. Ähnliche Phänomene, die wir zum Vergleich heranziehen können, gibt es nicht. Gesellschaftliches Zusammenleben funktionierte früher auf Grundlage einer gemeinsamen Glaubensüberzeugung und einer festen sittlichen Ordnung. „Im Prozess der Begegnungen und Durchdringungen der Kulturen sind ethische Gewissheiten weithin zerbrochen, die bisher tragend waren. Die Frage, was nun eigentlich, zumal in dem gegebenen Kontext, das Gute sei, und warum man es, auch selbst zum eigenen Schaden, tun müsse, diese Grundfrage steht weithin ohne Antwort da", erklärte Kardinal Ratzinger bei dem Gespräch mit Habermas

Der Versuch, durch eine Ideologie eine Art Ersatzreligion zu konstituieren, muss schief laufen und endet in einer Katastrophe, wie uns die Ideologien des vergangenen Jahrhunderts deutlich vor Augen geführt haben. An uns liegt es nun, die Vielfalt der Anschauungen und Lebensstile mit ihren Chancen und Gefahren für uns und das Zusammenleben mit anderen zu nutzen. Wollen wir aus diesem Dilemma aus Individualisierung und Orientierungslosigkeit herauskommen, wollen wir gegenüber anderen Weltanschauungen und Lebensstilen wieder selbstbewusst auftreten, müssen wir uns unserer eigenen Wurzeln wieder sicherer werden. Nur mit einer gefestigten Einstellung gegenüber unserem kulturellen Erbe können wir auch besser mit anderen Religionen, Kulturen und Lebenseinstellungen umgehen. Der Pluralismus verlangt vom Einzelnen neben der besonderen Fähigkeit der vernünftigen Selbstbestimmung das eigene soziale Handeln zu koordinieren und Konflikte zu regeln.

DAS GEWISSE ETHOS

Wie sehr das Christentum auch heute noch zur jungen Generation Europas gehört, wurde beim Weltjugendtag 2005 in Köln sichtbar.

Auch die Politik sieht sich mit dieser Vielfalt an Meinungen konfrontiert. Deshalb darf Politik sich nicht darin erschöpfen, die Vielzahl der Erwartungen und Interessen zu moderieren. Politische Debatten beginnen dort, wo diese Erwartungen in Beziehung gesetzt werden zu ihrer Vereinbarkeit mit der Grundordnung, die allem politischen Handeln vorgegeben ist. Es kann hier nicht um die Einzelinteressen von wenigen gehen. Politik muss hier das Gemeinwohl in den Mittelpunkt stellen. Der Wunsch, einzelnen Erwartungen gerecht zu werden, ist der Verantwortung für das Wertefundament des Gemeinwesens nachgeordnet. Wo diese Grundordnung selbst zur Verfügungsmasse der Moderation wird, da verkommt dieser Prozess gesellschaftlicher Konsensfindung zu einem endlosen unpolitischen Prozess sinnentleerter Taktiererei.

Das zeigt sich immer wieder bei der Frage nach dem Beginn des Lebens. In regelmäßigen Abständen gewinnt diese bioethische Debatte an Fahrt, die den Eindruck erweckt, als müsse über den Beginn menschlichen Lebens neu verhandelt werden, um den Erwartungen von Wissenschaft und Wirtschaft gerecht zu werden.

Wir brauchen bei der Frage der Stammzellforschung für Wissenschaft und Wirtschaft keine Sondermoral. Das Wertegerüst, innerhalb dessen eine schlüssige Bioethik steht, muss nicht erst erfunden werden. Und schon gar nicht ist es festzumachen, indem wir unablässig Interessen, Erwartungen und Wünsche gegeneinander abwägen. Wer sich auf diese Diskussionen nicht einlässt, wer auf Grenzen wissenschaftlicher Verfügbarkeit der menschlichen Person hinweist, der bekommt das Etikett „katholisch“ oder „pietistisch“ verpasst. Der Hinweis auf die Menschenwürde wird als respektabel zur Kenntnis genommen, jedoch als Minderheitenposition sofort beiseite geschoben. Unberücksichtigt bleibt, dass der Hinweis auf die Unverfügbarkeit der Person sich nicht abwägen lässt; seien die Interessen noch so nachvollziehbar. Eine absolute Grenze müssen wir dort ziehen, wo der Mensch in seinen Anlagen von anderen geplant wird oder wo der Mensch zu einem Gebrauchs-Gegenstand wird.

Wer beginnt, die Würde des Menschen gegen noch so verständliche Wünsche von Menschen abzuwägen, ist schon dabei, den Boden der freiheitlichen und rechtsstaatlichen Grundordnung in Frage zu stellen. Wer anfängt, die Menschenwürde nicht als das Fundament der Politik zu begreifen, das ihrer Verfügung entzogen ist, und statt dessen Menschenwürde als mögliches Produkt von Politik darstellt, das von ihrer Richtigkeit und ihrem Erfolg abhängt, der entfernt sich von der politischen Werteordnung unseres Gemeinwesens.

FREIHEIT WAHREN

Gleichzeitig dürfen wir den Menschen – wo seine oder die Würde anderer Menschen nicht verletzt wird in seiner Freiheit nicht einschränken. Für das Verhältnis zwischen Staat und Bürger hat Oswald von Nell-Breuning festgehalten: „Hilfe, die den Menschen in Stand setzt oder es ihm erleichtert, sich selbst zu helfen, oder die seine Selbsthilfe erfolgreicher macht, ist echte Hilfe; noch so wohl gemeinte Maßnahmen, die den Menschen an der Selbsthilfe hindern, ihn davon abhalten oder den Erfolg seiner Selbsthilfe beeinträchtigen oder gar sie ihm verleiden, sind in Wahrheit keine Hilfe, sondern das Gegenteil davon, schädigen den Menschen.“

Das klingt in unseren Ohren fast ungewohnt. Oft ist die

Rede von der Überforderung des Bürgers. Manchmal entsteht der Eindruck, als warne die katholische Soziallehre vor allem davor, dem Einzelnen zu viel abzuverlangen an Engagement. Der Klassiker der katholischen Soziallehre aber weist auf die Gefahr schädlicher Hilfe hin. Er redet von Hilfe des Staates, die die eigene Initiative schwächt, die schadet, weil sie unterfordert.

Eine Gesellschaft lebt von Solidarität und eigener Verantwortung, von Empathie und der Bereitschaft, nicht alleine auf Institutionen zu setzen, vielmehr den je eigenen Teil beizutragen. Noch so viel staatliche Leistung kann das unmittelbare menschliche Interesse am Nächsten nicht ersetzen. Individuelle Verantwortung lässt sich nicht an den Staat delegieren. „Nicht den alles regelnden und beherrschenden Staat brauchen wir, sondern den Staat, der entsprechend dem Subsidiaritätsprinzip großzügig die Initiativen anerkennt und unterstützt, die aus den verschiedenen gesellschaftlichen Kräften aufsteigen und Spontaneität mit Nähe zu den hilfsbedürftigen Menschen verbinden“, heißt es in der Enzyklika „Deus caritas est“ von Papst Benedikt XVI.

Die Katholische Soziallehre – Pate bei der Entwicklung der sozialen Marktwirtschaft – warnt vor Einseitigkeiten: der Staat muss für Bildungs- und Ausbildungschancen sorgen, und der Einzelne muss seine Chancen ergreifen.

So sehr es stimmt, dass eine stabile Sozialpolitik Voraussetzung für den sozialen Frieden in einer Gesellschaft ist, so wenig reicht dazu allein die materielle Umverteilung. Der Ausgleich zwischen den unterschiedlichen Ansprüchen muss für alle Beteiligten zumutbar sein und deshalb fortwährend neu gesucht werden. Wie viel vom Sozialprodukt sozial umverteilt werden kann, das entscheiden gerade nicht institutionelle Regelungen allein. Dies hängt zu allererst von der Volkswirtschaft ab. Wir ahnen immer stärker, dass dieser sich immer mehr verstärkende Mechanismus der Umverteilung an ein Ende gerät. Der Staat verlangt immer höhere Abgaben, um am Ende immer schlechtere Leistungen zu geben. Die Beziehung wird von den Bürgerinnen und Bürgern als nicht mehr verlässlich empfunden.

Politik betrifft zunächst die Sorge um öffentliche Güter, betrifft aber auch die Sorge um das Wertefundament, das eine Gesellschaft prägt, trägt und zusammenhält. Auch deshalb gehören Christen mit ihrer Überzeugung von der Freiheitsfähigkeit und dem Verantwortungsbewusstsein von Bürgerinnen und Bürgern mitten in die Öffentlichkeit dieser Gesellschaft. Politik ist die Gestaltung des Öffentlichen. Sie wahrt die Grundordnung und das Gemeinschaftliche, das alle betrifft und alle verpflichtet. Politisches Handeln – was letztlich nichts anderes ist, als Entscheidungen zu treffen verlangt deshalb, öffentlich relevante Güter, Interessen und Erwartungen abzuwägen.

Dies geschieht in der Regel in Situationen, die von Wettbewerb und Widerstreit der Erwartungen und Interessen geprägt sind. Für diesen Prozess braucht Politik eine tragfähige Grundorientierung, die als Kompass wirkt. Auch deshalb ist es wichtig, dass Christen und Christinnen sich politischer Verantwortung stellen. Sie müssen gültige Entscheidungen treffen auf der Grundlage eines Wertefundaments, das sich nicht orientiert an dem, was gerade Gültigkeit beansprucht. Es darf nicht sein, dass mit dem Verweis auf Fortschritt alle moralischen Grenzen überwunden werden können. Politiker müssen sich bei ihren Entscheidungen von dem leiten lassen, was immer gilt. Dieses Wertefundament spiegelt unsere Überzeugung von der unantastbaren und unverwirkbaren Würde eines jeden Menschen.

NICHT BELIEBIG

Werte und Toleranz dürfen nicht mit Wertebeliebigkeit gleichgesetzt werden. Das wurde in den vergangenen Jahrzehnten manches Mal missverstanden. Bei den Herausforderungen der Zukunft dürfen wir uns nicht in Beliebigkeit verlieren. Wir müssen uns deshalb unserer christlichen Traditionen bewusst werden. Dabei geht es nicht darum, das Christentum allmächtig in der Verfassung oder in einem Gesetz zu verankern Die Christen haben vielmehr die Pflicht, ein gesundes Selbstvertrauen zu finden und ihre Meinung, die aus dem Glauben heraus erwächst, auch gegen Angriffe zu vertreten. Dies ist eine Aufgabe, die Christen auch mehr als eineinhalb Jahrtausende nach Konstantin auch heute noch haben. „Haltet in eurem Herzen Christus, den Herrn, heilig! Seid stets bereit, jedem Rede und Antwort zu stehen, der nach der Hoffnung fragt, die euch erfüllt.“ (1 Petr 3,15)

KONSTANTIN-INTERVIEW „IN DIESEM ZEICHEN WIRST DU SIEGEN"

Gespräch mit dem Bischof von Trier, Dr. Reinhard Marx zur Frage der Gewalt und der erneuten Evangelisierung Europas

Die alte Überlieferung, dass Konstantin die Schlacht bei der Milvischen Brücke 312 gewann, weil er gemäß göttlichem Auftrag das Kreuz als Feldzeichen führte, ist für uns heute befremdlich geworden. Darf man im Namen Gottes Kriege führen, schenkt der Gott der Liebe und Barmherzigkeit militärische Erfolge? Und überhaupt, wie soll Konstantin auf diese Idee gekommen sein, er war doch damals noch nicht getauft und hatte sich nicht als Christ hervorgetan.

Sicher diskutieren wir heute über dieses ganze Thema anders als die Spätantike. Damals rechnete man sehr stark mit dem direkten Eingreifen der Götter. Das gesamte politische Umfeld war religiös eingefärbt. Was Konstantin an der Milvischen Brücke wirklich bewegt hat, können wir nach so vielen Jahrhunderten nur noch schwer nachvollziehen. Es muss einen Vorlauf gegeben haben. Ich denke da an die eher christenfreundliche Politik seines Vaters, dann auch die Überlegungen mit den Mitkaisern schon im Jahre 311, das Christentum wenigstens zu einer erlaubten Religion zu machen. Er hatte sicher schon einen Weg hinter sich, einen Weg, den er möglicherweise hier in Trier gegangen ist. Er wird sicher in Trier Christen kennen gelernt haben. Wir können ja sogar vermuten, dass Priester, vielleicht auch Bischöfe mit ihm nach Rom gezogen sind. Wie weit, wie bewusst er diesen Weg zum Christentum bereits gegangen war, das können wir nur vermuten. Wir wissen nur sehr deutlich, dass der 29. Oktober 312, der Tag der Schlacht an der Milvischen Brücke,

Konstantin-Bogen in Rom. Konstantin war überzeugt, dass der Christengott ihm zugewandt war und ihm in seinen Schlachten und bei seinem politischen Handeln den Sieg schenkte. Der vom Senat gestiftete Bogen zeigt noch keine christlichen Zeichen.

für Konstantin tatsächlich ein Wendepunkt der persönlichen Überzeugung geworden ist: Der christliche Gott steht hinter ihm und er schenkt den Sieg, so seine Position bis zu seinem Tod.

Und Gott wollte diese Schlacht mit ihren Toten, um seine Macht zu demonstrieren?

Natürlich dürfen wir als Christen nicht sagen: Wir können Gott für irgendein geschichtliches Ereignis direkt in Anspruch nehmen. Wir können und dürfen ihn nicht für unsere Zwecke missbrauchen. Auf der anderen Seite erleben wir in der Bibel ständig einen Gott, der geschichtsmächtig ist, der nicht abgehoben von der Welt sich aus allem heraushält, sondern der eingreift, der bestimmte Optionen in der Geschichte verfolgt. Die Heilige Schrift berichtet immer wieder davon, dass Gott sein Volk aktiv und befreiend begleitet. Die geschichtlichen Ereignisse werden zum Zeichen für Gottes Handeln, so würden wir es heute formulieren.

Noch einmal: Einerseits können wir nicht sagen, Gott hat eine Schlacht für uns gewonnen. So hat es zwar auch das Christentum gelegentlich gesehen, zum Beispiel in den schweren Auseinandersetzungen der Türkenkriege. Das war dann manchmal eine sehr schlichte Art der „politischen Theologie". Andererseits wäre das Gegenteil aber auch nicht richtig. Es sind nicht nur die Menschen, die handeln. Gott hat sich nicht aus der Geschichte verabschiedet und lässt alles laufen. Das ist nicht christliche Überzeugung. Ich möchte es so formulieren: Wenn wir auf ein Ereignis wie die Schlacht an der Milvischen Brücke schauen, glauben wir daran – mit Konstantin glauben wir daran, dass geschichtliche Ereignisse Zeichen sind, die wir lesen müssen im Geiste des Evangeliums. Aber wir können Gott nicht zu einer politischen Partei machen, und sozusagen „unfehlbar" feststellen: Genau da war das Handeln Gottes.

Ich will ein Beispiel nennen aus der aktuellen Situation, die Wende im Osten, der Zusammenbruch des Kommunismus. Man kann sagen, das hat mit Religion nichts zu tun. Aber Christen haben sicher in diesem Zusammenhang das Magnifikat ganz neu gebetet: Die Mächtigen stürzt er vom Thron. Dass sich hier in der Geschichte Freiheit durchsetzt und die Unterdrücker verabschiedet werden, das haben die Christen und auch schon das ganze Alte Testament immer schon gedeutet als ein wirkmächtiges Handeln Gottes. Insofern gibt es durchaus eine Annäherung an die Aussage, dass Gott in dieser Schlacht engagiert war.

Ging es denn Konstantin damals überhaupt um Religion? Das war doch ein reiner Kampf um die Macht.

Das stimmt so auch nicht. Es geht ja weiter. Bereits wenige Jahre später bei der Schlacht gegen den Mitkaiser Licinius wird die Auseinandersetzung zum Religionskampf. Zum ersten Mal in der römischen Geschichte wird ein Bürgerkrieg zum Religionskrieg. Denn Licinius sagt klar: Wir stehen auf der Seite der alten Götter. Er mobilisiert die alten Kulte und sagt: Dieser Konstantin will eine neue Religion einführen. Es werden die Götter aufgeboten, noch mehr als an der Milvischen Brücke, und es kommt nach der damaligen Einschätzung zum Entscheidungskampf zwischen Christentum und den alten Religionen, zwischen dem Christengott und dem alten Götterhimmel, das war ein eindeutiger religionspolitischer Krieg. Und das hat damals die Leute auch bewegt und hoch emotionalisiert. In der Wirkungsgeschichte ist jedoch die Milvische Brücke das signifikantere Datum geblieben.

Dabei wissen wir nicht einmal genau, welches christliche Symbol er wie eingesetzt hat. Von der Schlacht gegen Licinius wissen wir dagegen genau, dass er seine mehrheitlich heidnische Armee mit dem christlichen Zeichen des Kreuzes hat kämpfen lassen. Beim Kampf an der Milvischen Brücke wissen wir nur, dass Konstantin selbst alles auf den Christengott setzte.

Der Helm mit Christogramm. Der Kampf um die Macht war für Konstantin auch ein religiöser Kampf. Als Pontifex Maximus war er für die Ausübung des Tempeldienstes zuständig, um das Wohlwollen der Götter für den Staat zu erreichen.

Der Kampf um die Macht war für Konstantin auch eine religiöse Frage, wie überhaupt alle Schlachten der damaligen Zeit, alle politischen Auseinandersetzungen, immer eine religiöse Bedeutung hatten. Die damalige Welt war durchgehend von Religion getränkt und geprägt. Für Konstantin war klar, dass er sein Schicksal verbindet mit dem Gott der Christen, den er dann Schritt für Schritt auch für den einzigen Gott hält – nicht mehr für einen Gott unter vielen Göttern.

Christianisierung mit Gewalt. Das zieht sich durch fast die ganze Kirchengeschichte. Konstantin war sozusagen nur der erste Fall. Es folgten so krasse Fälle wie die Christianisierung der Sachsen durch Karl den Großen oder die mit Blut getränkte Christianisierung Südamerikas. Kann man das heute noch akzeptieren?

Nein. Krieg im Namen des Christentums ist nie möglich. Gewaltsame Christianisierung war übrigens für Konstantin durchaus auch eine Frage. Aber nicht an der Milvischen Brücke. Konstantin hatte nicht vor, mit dieser Schlacht das ganze römische Reich christlich zu machen. Er wollte sich in diesen politischen Auseinandersetzungen gegen einen Usurpator durchsetzen.

Nachricht einer Weizenverteilung durch die Kirche an eine Witwe (Papyrus aus Ägypten). Das soziale Engagement als Ausdruck der Nächstenliebe war von Anfang an wesentlicher Bestandteil des Christentums und wohl auch Bestandteil seiner Attraktivität.

Aus seiner Sicht stand dieser Maxentius unrechtmäßig an der Spitze Roms. Und zu den ganz normalen Mitteln der politischen Auseinandersetzung gehörte in der damaligen Zeit die Gewaltanwendung.

312 ging es also noch nicht um die Frage: Soll man mit militärischen Mitteln das Christentum erzwingen? Das war übrigens nie die Auffassung der Kirche. Zwar ist es fraglos manchmal so gewesen, aber es gab immer die Auseinandersetzung: Darf man jemanden zwingen Christ zu werden? Und die Lehre der Kirche war immer: Nein, das darf man nicht. Und zwar von Anfang an. Die Mission der iroschottischen Mönche und auch des hl. Bonifatius ist gewaltlos verlaufen, immer. Das darf man nicht vergessen. Es ist eine Missinterpretation der Geschichte, die Forderung Karls des Großen nach politischer Unterwerfung damit zu vermengen. Ähnlich war es bei der Eroberung Südamerikas durch die Spanier. Das war sicher eine Geschichte voller Gewalt, aber die Debatten sind ja auch bekannt: Darf man die Indianer mit Zwang zum Christentum bekehren? Die offizielle theologische Meinung war immer, das darf man nicht. Dass es dennoch geschehen ist, ist eine andere Frage. Man kann nicht sagen, es hätte eine einhellige Meinung in der Kirche gegeben, man könne Menschen mit Gewalt zum Christentum bekehren, das Gegenteil ist der Fall.

Kann man nicht doch eine Entwicklung in der Kirche konstatieren, was den Einsatz von Gewalt angeht? Darf die Kirche zur Ausbreitung des Evangeliums, dürfen Christen militärische Gewalt als Mittel der Politik einsetzen? Da ist unsere heutige Position doch eine andere als zur Zeit Konstantins?

Auf die Ebene der großen Politik ist die Kirche zum ersten Mal in der konstantinischen Wende gekommen. Erst da konnte sie überhaupt politischer Akteur werden, was sie vorher nie war.

Man kann natürlich zurückblicken auf die Bilder des Alten Testamentes, wo der Krieg auch weniger kritisch gesehen wurde. Die Eroberung des gelobten Landes mit militärischen Mitteln galt offensichtlich für das Alte Testament nicht als problematisch. Ein solches Handeln im Auftrag Gottes ist für die Menschen damals nicht neu oder überraschend, solche Vorstellungen sind nicht vom Christentum erfunden. Aber die Problematik wurde recht früh erkannt und auch bei den Kirchenvätern diskutiert. Als dann mit Konstantin plötzlich die Verbindung mit der politischen Macht da war, war natürlich auch die Gefährdung da, sich der politischen Mittel zu bedienen. Und zu den politischen Mitteln gehörte damals viel stärker als heute die Anwendung von militärischer Gewalt. Wir sollten unsere heutige Zeit aber auch nicht zu positiv sehen, auch das 20. und das 21. Jahrhundert waren und sind durchaus geprägt von Gewalt. Aber sagen wir einmal: Es war ein selbstverständlicheres Mittel der Politik, sich zu wehren gegen barbarische Völker oder Aufstände zu unterdrücken, sich gewaltsam durchzusetzen. Wobei der Gedanke des Friedens – gerade bei den Römern – auch eine sehr starke Zielvorstellung war. Also: Der Krieg war sehr beherrschend im alltäglichen Leben und er war nicht so negativ besetzt wie heute, aber das Ziel war immer auch die Pax Romana, auch wenn er dann eben mit militärischer Gewalt erstritten war.

Die grundsätzliche Frage ist, ob sich die Kirche in diese politischen Felder hinein begeben darf. Wie verhält sie sich, wenn Politik gemacht wird? Da ist die Frage der militärischen Gewalt eine sehr gewichtige. Aber das gilt auch für andere Bereiche. Wie soll die Kirche bei der Gestaltung der irdischen Wirklichkeiten Einfluss nehmen, wie soll ihr Beitrag aussehen? Diese Debatte beginnt erst, als die Konstantinische Wende der Kirche sozusagen ermöglicht, ein politischer Akteur auf Augenhöhe mit dem Kaiser zu werden.

Das Christentum hat sich damals ja nicht nur durchgesetzt, weil Konstantin militärische Erfolge hatte. Die Kirche hat sich unabhängig davon in der Bevölkerung selbst ausgebreitet. Die Kirche muss damals höchst attraktiv auf die Menschen gewirkt haben. Die Konstantinische Wende, „in diesem Zeichen wirst du siegen", das kann man ja auch als Symbol für die erfolgreiche Ausbreitung des Christentums und der Kirche sehen. War das Christentum wirklich etwas völlig Neues unter den vielen Religionen, die damals verbreitet waren?

Zunächst einmal ist zu beachten, dass es einen großen Unterschied gab zwischen dem Osten und dem Westen des römischen Reiches: Im Osten waren die Christen wesentlich stärker verbreitet als im Westen. Es ist eigentlich erstaunlich, dass ausgerechnet aus dem Westen, wo Konstantin Kaiser war und das Christentum noch schwach, die Wende kam.

Die Diskussionen, wie man mit den Christen umgehen soll, haben schon sehr früh begonnen. Man spürte auf der politischen Ebene, das ist eine andere Religion, die sich nicht so einfach einfügen lässt in den römischen Götter-Pantheon wie die anderen. Man spürte, wie bei den Juden, das ist etwas anderes, das ist nicht wie bei den anderen Religionen, die man ja auch miteinander vermischt hat. Es wurden ja Ausnahmen gestattet im römischen Reich. Das Judentum war schließlich eine „religio licita", eine erlaubte Religion mit besonderen Rechten. Man wusste, dass diese Religion anders war, hat es aber toleriert.

Beim Christentum war es noch einmal anders: Es war expansiver, es war nicht auf ein Volk beschränkt, sondern hatte eine universelle Botschaft, so dass es bedrohlicher erschien – jedenfalls für die alten Kulte und Religionen.

Worin bestand denn die Attraktivität des Christentums?

Was das Christentum so anziehend gemacht hat, ist gar nicht so einfach zu sagen. Und ob es ohne Konstantin genauso erfolgreich gewesen wäre, weiß ich auch nicht. Das ist reine Spekulation.

Die christliche Kirche war sicher anziehend, weil hier der Zugang für alle möglich wurde. Die alten Kulte waren ja eher exklusiv, das normale Volk konnte kaum an den Kulthandlungen teilnehmen, es blieb draußen. Was die Priester im Tempel taten, war in der Regel dem einfachen Volk verschlossen. Man muss sich das einmal vorstellen für die damalige Gesellschaft: Wir bekommen eine Religion, die für alle Klassen, alle Rassen, alle Völker offen ist, auch für alle Stände. Sie ermöglichte eine sehr ernsthafte Veränderung des Lebens für den Einzelnen und die Gemeinschaft. Auch die sittliche Botschaft des Christentums war sicher anziehend. Wir wundern uns heute vielleicht darüber, weil diese sittliche Botschaft auch etwas fordert vom Menschen. Aber in dem Tohuwabohu und der geistlichen und menschlichen Verwilderung der damaligen Zeit war es eine echte Alternative.

Die Christen lebten mit einem Gott, der sich sehr stark den Menschen öffnete, sich ihnen liebend zuwandte und sich überhaupt der menschlichen Wirklichkeit öffnete. Der Gedanke der Inkarnation, der Menschwerdung Gottes, war und ist natürlich etwas Faszinierendes. Gott kommt uns so nahe, dass er kein Fremder ist, Jesus Christus ist wirklich unser Bruder geworden. All das sind Botschaften, die neu und faszinierend waren – und für jeden zugänglich!

Und ein Weiteres kommt hinzu, das sicher auch entscheidend war: Die Christen haben durch ihre Lebensweise eine Alternative geboten. Die Caritas ist etwas, was die Christen in die Gesellschaft hinein gebracht haben. Es ging um eine andere Verhaltensweise den Mitmenschen, besonders den Schwachen gegenüber.

Das alles hatte auch ein politisches Gewicht. Es war zwar nicht so, dass die Mehrheit der Bevölkerung Christen waren, insbesondere im westlichen Herrschaftsbereich des Konstantin nicht. Aber die Kaiser und die politisch Verantwortlichen merkten, dass das Christentum immer stärker wurde, vor allem im Osten. Man musste etwas tun. Es gab nur die Möglichkeit, sich entweder von diesen Christen zu trennen, oder man musste sie wirklich in die politische Verantwortung mit hinein nehmen. Und in dieser Entscheidungssituation hat Konstantin seinen Schritt getan. Er merkte, dass hier eine Religionsgemeinschaft da ist, die dynamisch, kraftvoll und überzeugend ihre Botschaft lebt. Das war nicht nur einfach irgendein esoterisches Grüppchen, das nur die Bedürfnisse der Menschen befriedigt oder große Gefühle zu wecken versuchte.

Eucharistiefeier in einer Hauskapelle zu Beginn des 4. Jahrhunderts und einer Pfarrkirche heute: wesensgleich und doch anders.

War die Förderung des Christentums für Konstantin lediglich politisches Kalkül – er hat auf die absehbaren Gewinner gesetzt – oder war es seine persönliche religiöse Überzeugung, oder war es eine allgemeine Entwicklung, die er lediglich etwas verstärkt hat?

Das wird man nicht mehr sagen können. Manche vermuten ja, Konstantin habe einfach nur politisch kalkuliert und die Christen in sein System eingebaut, um sie für seine Zwecke zu nutzen. Ich glaube, das ist eine falsche Wahrnehmung. Wenn man das ganze Leben Konstantins anschaut, auch sein Suchen, seine schrittweise Annäherung an das Christentum sieht, komme ich zu einem anderen Ergebnis. Für ihn war, nachdem einmal die Entscheidung gefallen war, klar, dass der Christengott der wahre Gott ist. Daran hat er nie wieder gezweifelt. Das ergibt sich zweifelsfrei aus seinen politischen Handlungen und aus seinen Schriften. Da gibt es beispielsweise den berühmten Brief, den er nach der Schlacht gegen Licinius an die gesamten Bewohner des Ostens richtet, wo ja viele, aber nicht die Mehrheit der Bevölkerung, Christen waren. In diesem Schreiben bekennt er sich dezidiert als Christ, klar und deutlich sagt er, dass er Christ ist und es sein will und dass er sich versteht als Werkzeug Gottes. Und dass er alles tun wird, damit die Menschen die wahre Religion finden – übrigens auch mit dem Hinweis, er wolle niemand dazu zwingen. Das ist sehr deutlich in diesem Brief. Wenn man den Brief liest, muss man zunächst einmal annehmen, dass er wirklich das schreibt, was er meint. Ich halte es für eine nicht tragfähige Konstruktion zu meinen, dass er nur taktisch gelogen hat. Für ihn war diese Hinwendung echt und er hat dann daran festgehalten bis zu seinem Tod – das ist keine Frage. Und das war für ihn auch eine politische Herausforderung, selbstverständlich, das konnte er nicht trennen. Für Konstantin als Kaiser und Pontifex Maximus konnte es im römischen Staat für den Kaiser keinen Privatglauben geben. Wenn dieser Gott wirklich der wahre Gott ist, der ihm den Sieg geschenkt hat und der ihn unterstützt, dann ist das für ihn als Kaiser natürlich auch eine politische Frage, dann muss er diesem Gott auch Raum schaffen. Und dann wächst die Erkenntnis, dass der christliche Gott nicht nur der mächtigere ist, sondern dass es nur diesen Gott gibt und die anderen Götter gar nicht existieren. Diese Überzeugung wächst bereits in der Frühzeit seiner Regierung. Da ist es doch konsequent, dass diese Überzeugung Auswirkungen auf seine Religionspolitik hat. Er bleibt zwar dabei, dass die Menschen sich frei entscheiden sollen, aber er dreht die Vorzeichen sofort um. Jetzt werden die heidnischen Religionen nur noch toleriert, wie es vorher bei den Christen war. Das Christentum dagegen wird zur privilegierten Religion, also zu dem, was man eigentlich tun sollte. Wenn einige unbedingt Heiden bleiben wollen, sollen sie es bleiben. Festzuhalten bleibt: Es wurde innerhalb von wenigen Jahren eine Umdrehung des Verhältnisses von heidnischen Religionen und Christentum erreicht. Das ist nur mit der Person Konstantins zu verstehen, mit seiner persönlichen Hinwendung zum Christentum und seiner klaren Überzeugung. Er handelte ja immer noch gegen eine Mehrheit der damaligen Bevölkerung und der politischen Kreise, das darf man nicht vergessen. Das lässt sich nur verstehen aus einer klaren und persönlichen Überzeugung.

Kommen wir noch einmal zurück auf die Attraktivität des Christentums in der damaligen Zeit. Es gibt ja Empfehlungen, diese Situation noch einmal zu analysieren – es gibt ja eine ganze Reihe von Analogien zu unserer heutigen Zeit – um die damals erfolgreichen Methoden und Argumente heute wieder verstärkt einzusetzen, um wieder in die Offensive zu kommen.

Ich sage manchmal bei meinen Besuchen in den Gemeinden, wir sind wieder Missionsland. Dann sagen die Pfarrgemeinderäte: Ja, Herr Bischof, Sie haben Recht. Dann frage ich zurück: Sind wir auch Missionskirche? Dann sagen die meisten, dass wir das noch nicht sind. Da ist genau der Schnittpunkt. Wir sind mental noch nicht in der Situation, dass wir in dem Be-

Die multikulturelle Gesellschaft ist keine Erfindung der Neuzeit. Einfach funktioniert hat sie weder damals noch heute.

wusstsein denken und handeln, dass wir wirklich konkurrieren müssen, dass wir in einer weitgehend nichtchristlichen Gesellschaft leben, dass wir uns wirklich auf eine missionarische Arbeit vor unserer eigenen Haustür einlassen müssen.

In den ersten Jahrhunderten war das Christentum nicht missionarisch im Sinne einer Strategie. So sehr Paulus auch mit seinen Reisen das Christentum verbreitet und organisiert hat – in der Regel fand er es in den Städten bereits vor. Das Christentum ist nicht planvoll verbreitet worden, es hat sich verbreitet durch das Lebenszeugnis der Christen, durch das Leben der Gemeinde. Es gab keine Missionsorden und keine Wanderprediger – das kam alles später – sondern es war einfach ein Zeugnis, was sich ausgebreitet hat – von selber, durch das Leben der Gläubigen, durch die Überzeugungskraft der Gemeinschaften, durch ihre karitativen Initiativen, auch durch die Theologie, durch die Auseinandersetzung vor aller Augen.

Die frühe Kirche hat die öffentliche Auseinandersetzung durchaus gesucht und zwar sinnigerweise nicht die Auseinandersetzung mit den alten Religionen – sie haben keine Religionsgespräche geführt –, sondern mit der Philosophie. Das heißt, sie wollten klar machen: Was wir als Christen zu sagen haben, ist eigentlich das Vernünftige. Wir trauen uns zu, die öffentliche Debatte intellektuell auf Augenhöhe mit den anderen Weltdeutungen zu bestreiten. Die großen Theologen wie Origenes und andere, die auf der Höhe der Zeit Briefwechsel mit dem Kaiser und den heidnischen Philosophen führten, haben das deutlich gemacht. Diese intellektuelle Auseinandersetzung war natürlich keine Massenveranstaltung, sie fand nur unter bestimmen Leuten statt, heute würden wir das einen öffentlichen Diskurs nennen. Da fand ein intensives Gespräch mit den Meinungsträgern der Gesellschaft statt.

Sind die Themen des Origenes wirklich die brennenden Debatten unserer heutigen westlichen Gesellschaft?

Wir können die Situation nicht eins zu eins übertragen. Spezifisch für uns ist, dass wir aus einer Situation kommen, in der es selbstverständlich war, Christ zu sein. Wir kommen in eine Situation, in der dies nicht mehr selbstverständlich ist. Wir sind in einer Situation, in der sich die christlichen Gemeinden neu aufmachen müssen, um Missionskirche zu werden, um missionarisch zu arbeiten.

Das beginnt wohl damit, dass wir uns fragen und vergewissern müssen: Warum bin ich Christ? Bin ich aus Überzeugung Christ? Was bedeutet das eigentlich? Warum verpasst jemand das Entscheidende, wenn er Christus nicht findet? Was ist es, was Christus bringt? Warum ist er das Licht der Vernunft? Warum kann ich als Christ ein erweitertes, tieferes Leben führen? Warum kann ich als Christ besser leben? Diese Situation ist neu, oder wieder neu. Und da kann man schon auf die damalige Zeit schauen. Wie ist das damals gewesen? Nicht mit der Selbstverständlichkeit, dass man ohne weiteres einfach etwas direkt übertragen kann. Unsere Situation ist deutlich anders. Die alte Kirche hat damals durch das Leben überzeugt, die Christen waren aus Überzeugung dabei, sie wurden weder gedrängt noch waren sie gelangweilt dabei, sondern sie lebten aus einer großen Überzeugung. Sogar mit dem Risiko, verfolgt zu werden. Das war ja in der alten Kirche, auch für Konstantin, immer ein Risiko, das man eingehen musste. Die Menschen hatten eine klare Alternative. Da war eine Überzeugung mit einer sehr starken Gemeinschaft, in der man sich untereinander geholfen hat. Diese Gemeinschaft der Christen war nicht nur eine formale Religionsgemeinschaft, sondern auch ein sehr enges solidarisches Miteinander bis in die Caritas hinein. Man muss das nicht idealisieren, die frühe Kirche hatte auch ihre Probleme und internen Streitigkeiten. Aber für ihre Umwelt und sie selbst waren das schon entscheidende Unterscheidungsmerkmale. Und eben der dritte Punkt: Der Mut, sich auch intellektuell öffentlich auseinanderzusetzen und die Religion nicht als eine Privatangelegenheit zu verstehen, sondern als universale Wahrheit für alle! Die Christen haben deutlich gemacht: Der Glaube an Christus hält allen Debatten stand. Er kann auch in der Diskussion um die Wahrheit des menschlichen Lebens gut mithalten, ja, ist eine starke Alternative. Und das, denke ich, müssen wir wiedergewinnen.

Bischof Dr. Reinhard Marx (seit 2002 Bischof von Trier). Der ausgewiesene Sozialethiker ist Vorsitzender der deutschen Kommission "Justitia et Pax", Mitglied der Kommission der Bischofskonferenzen der Europäischen Union und Vorsitzender der Kommission für gesellschaftliche und soziale Fragen der deutschen Bischofskonferenz.

Kann man daraus nicht doch einen Masterplan ableiten für eine Neuevangelisierung Europas? Etwa in dem Sinne: Schwerpunkt ist nicht ein Werbefeldzug, sondern eine Aktivierung der einzelnen Christen bzw. der Gemeinden. Die Kirche braucht weiter eine offensive Auseinandersetzung mit den Geistesströmungen der Zeit und eine starke politische Lobby.

Wir können natürlich nicht sagen: Es fehlt uns nur ein Kaiser oder ein anderer, der unsere Stellung in der Gesellschaft garantiert. Das war auch damals nicht möglich. So etwas ist für eine gewisse kurze Zeit denkbar, aber das Christentum hätte schnell an Kraft verloren, wenn es sich nicht immer wieder innerlich erneuert hätte. Das Christentum hat sich gerade im Westen ständig mit den politischen Umständen auseinander gesetzt und weiterentwickeln müssen. Die Kämpfe etwa zwischen Kaiser und Papst, Kirche und Politik, das ist doch eine Spannung, die bis heute Auswirkungen hat und virulent geblieben ist. Im Osten verlief die Entwicklung im byzantinischen Reich etwas anders, aber da haben wir aus unserer Sicht auch manche Fragezeichen bezüglich der Verbindung von Politik und Religion. Aber im Westen war es immer wieder ein spannungsreiches Miteinander. Weder ist es gelungen, dass die Kirche sich des Staates bemächtigt und sozusagen eine Art „Theokratie" entstanden ist, in der die Religion sich praktisch an die Stelle von Politik setzt. Solche Tendenzen gab es auch in der Geschichte der Kirche. Und umgekehrt konnte – zumindest in unserem Kulturkreis – der Staat nie die Religion ganz für sich vereinnahmen. Dazu gab es gerade im Petrusamt den entscheidenden Widerpart. Diese Spannung ist für Europa sehr fruchtbar geworden, das kann man sicher sagen. Wir Heutigen dürfen uns aus dieser Auseinandersetzung nicht verabschieden, wir müssen uns in Politik einmischen, ohne sie ersetzen zu wollen.

Zu dem Stichwort Masterplan: Wir können und müssen natürlich auch strategische Überlegungen anstellen, das haben die Alten sicher auch getan in ihrer gewissen Weise. Aber ehe wir

Konstantin und seine Mutter Helena. Mamorfiguren aus der Ost-Apsis der Hohen Domkirche Trier.

neue Wege der Werbung versuchen, müssen wir uns – um es einmal mit der Marketingsprache zu sagen – um das Produkt kümmern. Das Produkt muss stimmen, muss überzeugen. Wir können nicht werben, wenn wir nicht wissen, woran wir glauben. Dass unser Glaube der größte Schatz unseres Lebens ist, etwas sehr Kostbares, Wichtiges, Umwerfendes, das erlebe ich in der Kirche zu selten. Es wird zwar immer wieder gesagt, es sollte schon so weitergehen und wir wünschen uns, dass unsere Gemeinde vor Ort Bestand hat. Und es ist auch gut, dass es die Kirche und die Caritas gibt. Aber wo vermitteln wir den nachwachsenden Generationen, den Nichtgläubigen und Andersgläubigen den überzeugenden Eindruck, dass es das Wichtigste in unserem Leben ist, dass wir Christus gefunden haben? Dass wir ihm begegnen, dass wir mit ihm Gemeinschaft haben, das ist wunderbar, großartig und das möchten wir mit anderen Menschen teilen. Ich glaube, das ist der entscheidende Punkt. Es geht weniger darum, ein Idealbild von Kirche zu entwerfen. Es gab nie die Idealgestalt von Kirche, weder in der Urgemeinde noch in der alten oder gegenwärtigen Kirche. Streit und Sünde hat es immer gegeben.

Aber wenn Menschen zu einer Gemeinde kommen, wenn sie dann mit der Gemeinde am Sonntag Eucharistie feiern, wenn sie das Leben mit der Gemeinde teilen, müssen sie auch etwas von der Kraft, Dynamik und positiven Ausrichtung erfahren. Dann müssen sie wirklich eine Gemeinschaft erleben, die voller Überzeugung und Freude ist. Diese Überzeugung und diese Freude müssen wir wieder neu gewinnen, eben wirklich auch „mental“ Missionskirche werden.

ABBILDUNGSNACHWEIS

ABBILDUNGEN UMSCHLAG

Kopf Konstantin: Bischöfliches Dom- und Diözesanmuseum Trier, U1

Fuß Konstantin: Konstantin-Ausstellungsgeseelschaft, U3

ABBILDUNGEN ZU KAPITEL I.

Barroso: Europäische Kommmission ,S.1

ABBILDUNGEN ZU KAPITEL II.

Karte Imperium: aus: Rheinisches Landesmuseum Trier (Hrsg.): Trier - Kaiserresidenz und Bischofssitz. Die Stadt in spätantiker und frühchrsitlicher Zeit. Mainz 1984, S. 2
Stadtmodell: aus: Dahm, Lambert: Trier, die römische Stadt in Bildern. Verlag edition treverorum der H&S Virtuelle Welten Trier 2003, S. 3
Münze Diokletian: Rheinisches Landesmuseum Trier, S. 3
Tetrarchengruppe: Prof. Dr. Winfried Weber, S. 3
Glasschale Petrus u. Paulus: British Museum London, S. 4
Stammtafel: Rheinisches Landesmuseum Trier, S. 4
Ada-Evangeliar mit Kameo: Stadtbibliothek / Stadtarchiv Trier, S. 5
Schlacht an der Milvische Brücke: Bayerische Staatsgemäldesammlungen, München, S. 6
Münze Galerius: Rheinisches Landesmuseum Trier, S. 6
Mamorbüste Maxentius: Gealleria degli Uffizi, Florenz, S. 7
Porträt Licinius: Rijksmuseum van Oudheden, Leiden, S. 8
Münze mit Labarum: British Museum London, S. 8
Mosaik Hagia Sophia: Ernst Mettlach, S. 9
Gotensäule: Ernst Mettlach, S. 10
Dame mit Schmuckkasten: Bischöfliches Dom- und Diözesanmuseum Trier, S. 11
Münze Crispus: Staatliche Münzsammlung München, S. 11

ABBILDUNGEN ZU KAPITEL III.

Beschlag Paulinus-Sarg: Prof. Dr. Winfried. Weber, S. 12
Spielstein: Rheinisches Landesmuseum Trier, S. 13
Bleiplombe: Rheinisches Landesmuseum Trier, S. 14
Konzilsliste Arles: Bibliothèque nationale de France, Paris, S.15
Synthronon Nicäa: Ernst Mettlach, S. 16
Spielstein: Rheinisches Landesmuseum Trier, S. 17
Weinsieb: British Museum London, S. 17
Nicäa Hagia Sophia: Ernst Mettlach, S. 18
Amethyst Konstantin: Bildarchiv Preußischer Kulturbesitz, Berlin, S. 18

ABBILDUNGEN ZU KAPITEL IV.

Basilika: Eugen Reiter, S. 19
Münze Fausta: Rheinisches Landesmuseum Trier, S. 20
Erotenpaar: Bischöfliches Dom- und Diözesanmuseum Trier, S. 20
Grablege Eucharius u. Valerius: Prof. Dr. Winfried. Weber, S. 21
Agritius-Kirche innen: Rudolf Schneider, S. 22
Agritius-Kirche Lageplan: Rudolf Schneider, S. 22
Noah-Sakrophag: Prof. Dr. Winfried. Weber, S. 24

ABBILDUNGEN SONDERSEITE

Kirchenmodelle: Bischöfliches Dom- und Diözesanmuseum Trier, S. 26-27

ABBILDUNGEN ZU KAPITEL V.

Konstantinopel Hagia Sophia: Ernst Mettlach, S.28
(Euro und) Aureus: Rheinisches Landesmuseum Trier, S. 29
Konstatin-Kameo: Stadtbibliothek /Stadtarchiv Trier, S. 30
Treuering: Rheinisches Landesmuseum Trier, S.31
Silberplatte m. Christogramm: British Museum London, S. 32
Fibel: Rheinisches Landesmuseum Trier, S. 33

ABBILDUNGEN ZU KAPITEL VI.

Münze Gründerväter Europas: ullstein Bild, S.34
Lehrer mit Schülern: Rheinisches Landesmuseum Trier, S. 35
Europäischer Rat: Europäische Kommission, S. 36
Zeichnung Kolossalstatue: Johannes Deckers, S. 37
Weltjugendtag 1: Caroline Meyer, S. 38
Weltjugendtag 2: Caroline Meyer, S. 38
Ausbildung 1: Hans Georg Schneider , S. 39
Ausbildung 2: Hans Georg Schneider , S. 39

ABBILDUNGEN ZU KAPITEL VII.

Konstantin-Bogen: Prof. Dr. Winfried. Weber, S. 40
Helm mit Christogramm: Gemeinde Maastricht, S. 41
Papyrus Weizenverteilung: Institut für Papyrologie, Universität Heidelberg, S. 42
Zeichnung Gottesdienst: Kurt Scheuer, Oberbillig, S. 43
Foto Gottesdienst: Bastian Henning, S. 43
Zeichung Straßenszene: Kurt Scheuer, Oberbillig, S. 44
Foto Multikulti: Bastian Henning, S. 45
Bischof Marx: Bischöfliche Pressestelle Trier, S. 46
Konstantin u. Helena: Rita Heyen, Trier, S. 46-47